KB069487

“ 자기 상담을 위한 미술치료 워크북 ”

나를 위한 미술치료

정은주 저

학지사

머리말

　2016년 영국에서 인지행동치료(Cognitive Behavioral Therapy: CBT)를 공부하던 때가 엊그제 같은데 어느새 7년의 시간이 흘렀다. CBT를 배워 보라는 권유 한마디가 내가 하는 심리치료의 이론적 배경을 바꾸어 놓았다. 지금까지 널리 알리고자 마음과 노력을 다하고 있는 것을 보면, 정보를 제공하는 것이나 방향을 제시하는 것은 누군가에게 선택의 길을 열어 주고 변화를 가져오는 일이 될 수 있음을 다시 한번 생각하게 된다.

　처음에는 영국에서 배운 내용을 그대로 전달하는 것에서 시작하였다. 그 과정에서 임상과 연구경험의 필요성을 인식하게 되었고 그것은 논문으로 이어졌다. 그렇게 연구하는 과정에서 훌륭한 책들을 발견하게 되었고, 이 책들을 혼자 알고 있는 것이 아니라 부족한 실력이지만 알려야겠다는 마음으로 번역을 하게 되었다. 학지사의 도움으로 『자기탐색을 통한 인지행동치료 경험하기』(2020), 『인지행동 미술치료』(2022) 두 권의 번역서가 출간되었다. 이러한 경험은 다시 인지행동치료 관련 강의의 밑거름이 되었고 임상에서는 더 풍부한 경험을 바탕으로 개인치료와 집단치료를 할 수 있게 되었다.

　문제 원인의 초점이 부모 등 타인에게 있는, 즉 부모의 양육태도로 인해 또는 그때-거기에서 타인의 행위 때문에 지금까지 불안하고 우울하다고 생각하기 쉬운 정신분석과 달리, 인지행동치료와 인지행동 미술치료는 현재 나의 문제에 대한 통제소재를 그때-거기에서의 타인에게 두지 않고 자신에게 돌려준다. 문제의 원인을 타인에게 두면 달라지기 어렵다. 정신분석과 상관없이 실제로 많은 사람이 그렇게 생각하고 있다. 부모 때문에, 그 사람 때문에 내가 이렇게 되었다고 생각한다면 또 다른 누군가에 의해서야만 내가 달라질 수 있다는 것이 된다. 인지행동치료와 인지행동 미술치료에서는 '그때-거기에서 나는 어떤 생각을 하고, 어떤 감정을 느꼈고, 어떻게 행동했는가?'에 초점을 둔다. 그러한 생각은 지금 현재보다 덜 발달된 아동기나 청소년기 때의 생각이고, 이후 다른 경험을 통해 달라질 기회를 얻지 못했을 뿐이다. 인지행동치료와 인지행동 미술치료는 심리치료를 통해 문제 행동으로 이어지는 생각을 확인한다. 그리고 그 생각을 지금-여기에서의 적절한 생각으로 스스로 재구성할 수 있도록 돕거나, 문제가 낳는 감정을 탐색하여 표현하고 조절할 수 있도록 돕는 과정이다.

미술치료연구소에서 하는 집단상담이나, 교육청 등의 외부기관에서 의뢰된 집단상담은 인지행동치료에 기반을 둔 집단미술치료로 운영하였다. 인지행동 집단미술치료 프로그램의 내용 구성은 의뢰되는 시간에 따라 다르기는 했지만 대체로 그 흐름은 다음과 같았다. 현재 문제를 명료화하기, 문제를 외재화하기, 문제를 다루기, 대처자원을 찾기, 새로운 존재방식을 형성하기이다. 인지행동치료는 목표로 하는 문제를 분명히 한다. 그것을 향해 내담자는 치료자와 함께 한 걸음 나아간다. 물론 그 과정은 가볍지 않다. 증상만을 말하는 것은 쉽지만 증상의 뿌리에 있는 신념을 찾아 누군가에게 말한다는 것이 자존심 상하는 일처럼 느껴질 수 있기 때문이다. '나는 소중하지 않은 사람이다.' '나는 가치 없는 사람이다.' '나는 사랑받지 못하는 사람이다.' '나는 쓸모없는 사람이다.' '나는 나약한 사람이다.' 등 수많은 부정적인 신념이 사람들 옆에서 속삭이며 자신을 자신감 없고 가치 없는 사람으로 느끼도록 만들고 있었다. 원래 그런 사람은 없다. 원래 그런 사람은 절대로 없다. 그래서 신념을 찾고 문제를 사람들로부터 떼어 놓는 작업을 한다. 문제가 생기면 곧 우리 자신을 문제 있는 사람으로 인식하는 관습은 17세기 유럽에서부터 시작되었다. 당시의 정치인들이 그들의 의도대로 사람들을 다루기 위해 건강한 사람과 건강하지 않은 사람으로 분리하기 시작하였다. 그리고 건강하지 않은 사람들에게는 자신이 내면에 문제가 있는 것처럼 생각하게 만들어 버렸다. 이와는 반대로, 이 워크북에서는 문제를 사람으로부터 떼어 놓은 다음에 문제를 다루고, 자신이 갖고 있는 자원들을 찾아서 그중 쓸 수 있는 것을 탐색한다. 그리고 오래된 존재방식을 버리고 새로운 존재방식을 구성하도록 도와준다.

집단미술치료의 반응은 놀라웠다. '인생이 달라지는 경험이었다.' '내가 원래 그런 사람이 아니라는 말에 힘을 얻게 되었다.' '해결이 안 된다고 생각하고 회피하고 있었는데 문제에서 이렇게 벗어날 수 있다니 놀랍다.' '주변 사람이 달라졌다고 말한다. 신기하다.' '자신감을 갖게 되었다.' '발표할 때 더 이상 떨지 않는다.' 등 많은 긍정적인 피드백을 들을 수 있었다. 이러한 반응을 경험할 때마다 더 많은 사람에게 집단미술치료를 알려서 사람들이 문제로부터 자유로워지기를 바라는 마음이 들었다.

그러한 마음에서 이 워크북을 만들게 되었다. 하루에 4개씩 총 20개의 작업으로 이루어진 인지행동 집단미술치료의 프로그램과 똑같이 구성하였다. 오전 9시부터 오후 6시까지 매주 1회 총 5일간 진행되는 프로그램을 혼자서 할 수 있도록 구성하였다. 물론 혼자서 하는 것이 쉬운 일은 아닐지도 모른다. 하지만 일기처럼 생각하고 며칠에 한 번씩 작업을 한다면 충분히 해낼 수 있을 것이다. 무엇보다 자기 자신을 위한 일이기 때문에 가능할 것이라고 생각한다. 이 워크북이 당신을 받아 주고 위로하고 공감할 것이다.

많은 사람에게 알려져 보다 평화로운 마음이길 바라는 마음에서 시작한 일이기에 이 워크북이 나오게 된 것에 대해 감사한 마음이 가득하다. 나는 혼자서 여기까지 왔다고 생각하지 않는다. 나의 강의를 들어 주신 분들, 나를 치료사로서 키우기 위해 내 앞에 앉아 계셨던 분들, 나를 변화시킨 모든 분에게 감사드린다. 그리고 미술치료학의 발전을 위해 마음을 써 주시는 학지사 김진환 사장님과 책의 편집을 맡아 주신 김지수 님에게도 감사드린다.

미국의 철학자 윌리엄 제임스(William James)는 금세기 인류가 발견한 가장 위대한 발견은 "인간이 태도를 바꾸면 자신의 삶을 바꿀 수 있는 것"이라고 한다. 이 워크북이 작은 역할을 하길 바란다.

2023년 6월

울산정앤정 미술치료연구소에서

정은주

차례

제2부

자기를 위한 미술치료를 시작해 볼까요

제3부

일상에서 마음을 돌보는 미술치료를 해 볼까요

제1부

자기 상담을
시작하기 전에

1. 자기 상담을 위한 준비과정이에요

2. 자기 상담을 위한 미술치료의 관점이에요

요즘 당신의 마음이 어떤가요? 이전과는 조금(아니 많이) 다른가요? 이전처럼 활기 있기보다 좀 다운되어 있거나 무기력하게 느껴지나요? 자주 화가 나기도 하고 억울한 감정이 들고 답답하기도 한가요? 이런 당신의 마음이 불편하게 느껴지고 여기에서 벗어나고 싶은데 시간이 지나도 달라지지 않거나 더 심해지는 것 같이 느껴져서 불안한 마음이 올라오고 있을 수도 있습니다.

혹시 이 현상이 아주 오래된 것일까요? 이 불편함은 어릴 때부터 느끼기 시작한 감정일 수도 있고, 중ㆍ고등학교 시기에 겪은 경험 이후 혹은 20대 이후에 겪은 문제가 발단이 되었을 수도 있습니다. 예를 들면, 어릴 때 부모님 사이가 좋지 않아서 당신을 챙길 여유가 없는 상황이었거나 어린아이가 겪기에는 두렵고 심한 상황이 있었을 수도 있고, 학교생활을 하면서 만난 다른 사람들의 아주 불친절한 태도나 그 이상의 공격적인 행동을 당하면서 당신의 마음에 상처가 생겼을 수도 있을 것입니다. 그때-거기에서의 경험은 지금보다 어렸던 당신에게 불편한 감정뿐만 아니라 어떤 생각을 남기게 됩니다(사실, 이 감정과 생각은 다음에 또 이런 일이 있을 때를 대비하기 위해 뇌에 담겨진 것으로, 이후에는 그때를 떠올리게 하는 자극만 있어도 자동적으로 반응하게 됩니다. 예를 들어, 외상을 겪던 그 상황에서 벽시계를 보며 참고 있었다면 이후에 벽시계만 봐도 불안이 올라올 수 있습니다).

또는 기억에 남은 특별한 어떤 일이 없었을 수도 있습니다. 당신의 삶이 순조롭게 잘 흘러왔다고 생각하고 있을 수도 있습니다. 부모님과의 관계도 그럭저럭 괜찮았고 학교를 다닐 때도 친구들과 잘 지냈고 실패한 경험도 특별히 없었는데…… 언젠가부터 불편한 생각과 감정이 불쑥불쑥 올라와 마음을 방황하게 만들고 있어서 상당히 당황스럽고 어떻게 해야 할지 모르겠다고 생각하고 있을 수도 있습니다. 사실 객관적으로 볼 때 별일 없이 평탄한 삶이었다고 해도 그 삶에는 작은 상실들이 쌓여 있습니다. 초등학교를 떠나 중학교에 가는 것은 더 이상 초등학교를 다닐 수 없고 그때의 친구들과 선생님과도 함께할 수 없다는 것입니다. 고등학교 1학년에서 2학년이 된다는 것도 변화가 있습니다. 소소하게는, 예전에 입던 좋아하는 옷이 작아져서 더 이상 입을 수가 없는 일도 키가 커져서 기쁘긴 하겠지만 아주 작은 슬픔이 남아 있게 됩니다. 만약 이사를 간 적이 있다면 그 옛집에서는 다시 살 수 없습니다. 전학까지 해야 했다면 더 큰 상실을 경험하는 것입니다. 초등학교 때 전학한 후 성격이 외향에서 내향으로 바뀐 사람도 있습니다. 어린 당신에게는 큰 변화이기 때문입니다. 작은 일 같지만 '변화'는 당신에게 스트레스와 상실감을 가져오게 됩니다. 그런데 많은 사람이 그것을 놓치고 지나갑니다. 부정적인 감정은 이렇게 쌓이게 됩니다.

불편한 마음은 과거에 경험한 감정과 생각이든 최근에 시작된 감정과 생각이든 지금의 당신이 자주 느끼고 생각하고 있는 것이며, 이는 불편한 감정과 부정적인 생각에서 벗어나려는 행동으로 이어질 수도 있습니다. 불편한 감정이나 부정적인 생각을 해결하기 위해 이전에는 친구들과 이야기를 하거나 재미있는 영화를 보고 게임을 하면, 또는 맛있는 음식을 먹고 한숨 푹 자고 나면 괜찮아졌는데, 이제는 크게 효과가 없고 그 순간뿐이거나 잠이 잘 오지도 않고 마음은 그 자리로 돌아가는 것 같지 않으신가요? 이를 해결하려면 도대체 어떻게 해야 할까요?

혹시 누군가가 상담이라는 것을 해 보라고 권하지는 않았습니까? 하지만 당신은 내 얘기를 누군가에게 한다는 부담감을 느끼고 싶지 않고 또 시간을 내어 규칙적으로 어딘가를 방문할 마음이 내키지 않을 수도 있습니다. 무엇보다 상담을 해야 할 정도로 심각하게 느껴지는 일이 아니라는 생각이 들어서 상담을 받고 싶지는 않을 수도 있을 것입니다. 그런데 이대로 있으려니 여전히 신경 쓰이는 불편한 마음이 당신 한 쪽을 차지하고 있으며, 당신의 삶에 영향을 미치는 것 같아서 해결하고 싶은 마음이 이 워크북으로 다가가게 했을 것입니다.

당신에게는 당신이 생각하는 문제를 해결하고 치유할 수 있는 힘이 있습니다. 그 힘은 당신이 스스로 문제를 해결하도록 도울 것입니다. 단지 그 힘이 어디로 나아갈지 방향을 몰라서 발휘되지 못했을 뿐입니다. 이 워크북이 당신이 나아갈 방향을 안내할 것입니다. 당신의 치유의 힘이 자연스럽게 작용할 것입니다.

이 워크북은 세 부분으로 이루어져 있습니다. 제1부는 이 워크북을 잘 활용할 수 있도록 안내를 하는 부분으로, 구체적인 방법을 안내하는 '1. 자기 상담을 위한 준비과정이에요'와 근거를 제시하는 '2. 자기 상담을 위한 미술치료의 관점이에요'로 구성되어 있습니다. '1. 자기 상담을 위한 준비과정이에요'는 꼭 읽어 보기 바랍니다. '2. 자기 상담을 위한 미술치료의 관점이에요'는 당신이 작업 시에 무엇 때문에 이 색깔을 사용했는지 궁금하거나, 이 치료의 근거를 알고 싶다면 읽어 보는 것이 좋겠습니다.

제2부 '자기를 위한 미술치료를 시작해 볼까요'는 자기 치유를 위한 미술치료 활동으로 구성되어 있습니다. 이는 다섯 개의 모듈로 구성되어 있는데, **모듈 1**은 미술로 마음에 다가가는 과정입니다. 이 모듈을 통해 당신이 다룰 문제에 좀 더 가까이 다가갈 수 있을 것입니다. 여기에서 여러 가지 문제를 발견한다면 그중 한 가지 문제를 선택하기 바랍니다. 한꺼번에 다루는 것은 어렵습니다. 그러니까 다른 문제들은 이 문제를 해결하고 난 후에 다루어 보도록 합시다. 때로는 선택한 문제가 해결되면 그 방법들을 다른 문제에도 자연스럽게 적용해 볼 수 있을 것입니다. **모듈 2**는 문제를 명확하게 보는 과정입니다. 문제가 어떤 상황에서 나타나고 당신이 문제를 어떻게 유지하고 있었는지 발견하게 될 것입니다. **모듈 3**은 당신이 선택한 문제를 해결하는 과정입니다. 지금과는 다르게 문제와 자신을 볼 수 있을 것입니다. **모듈 4**는 문제에 대해 당신이 활용할 수 있는 새로운 방법을 찾는 과정입니다. 걱정하지 마세요. 잘할 수 있을 것입니다. **모듈 5**는 당신이 원하는 삶의 스타일을 구성하는 과정입니다.

제3부 '일상에서 마음을 돌보는 미술치료를 해 볼까요'는 제2부의 치유 활동을 돕거나 제2부에서 문제를 해결하고, 이후 자기 관리를 위한 활동으로 구성되어 있습니다.

모듈 1 '나의 감정을 표현해 볼게요'는 비주얼 저널을 통해 일상에서 감정을 탐색하고 표현하며, 그것에 관한 글을 쓰는 것입니다. 모듈 2 '마음을 지금-여기에 머물게 할게요'는 만다라 작업을 통해 마음챙김 명상을 하기 위한 것입니다. 이 작업을 통해 마음을 과거나 미래에 빼앗기지 않고 지금-여기에 머물 수 있도록 돕습니다. 모듈 3 '나의 생각을 살펴볼게요'는 일상적 사고감정 그림일기를 통해 일상에서 느껴지는 감정을 바탕으로 당신을 불편하게 하는 생각을 찾고, 관련된 상황에서 할 수 있는 좀 더 균형 잡힌 생각을 찾아 감정을 완화시키기 위한 것입니다.

  자, 그럼 시작해 볼까요?

1　자기 상담을 위한 준비과정이에요

　이 워크북의 활동들은 자기 치유의 힘을 발휘하도록 돕는 과정입니다. 자기 치유의 힘이 좀 더 유용하게 쓰일 수 있도록 필요한 준비물과 함께 몇 가지 안내를 하겠습니다. 기본적인 방식은 정해져 있지만 당신이 선택할 것이 있습니다. 어떤 방식으로 할지 어떤 준비물을 마련하면 좋을지 생각해 보고 선택하길 바랍니다.

1) 혼자서 할까, 누구와 함께할까

(1) 혼자서 할 거예요

　"어? 혼자서 하는 것 아니었어?" 하고 물으셨나요? 맞습니다. 혼자서 하는 것입니다. 이 워크북은 집이나 카페, 혹은 당신의 공간에서 혼자만의 시간을 가지며 당신을 돌아보고 그림을 그리거나 글로 쓰는 표현 과정을 안내합니다. 다만, 마음을 먹고 끝까지 해내야 하는 책임도 당신에게 있습니다. 때로 당신이 이 워크북을 하는 날을 정해 두었는데 갑자기 회사에 일이 생겨서 그날 할 수 없게 되고 다음날에는 친구와 약속이 있어서 또 미루게 되는 변수가 생기면 마음이 흔들릴 수도 있습니다. 그러므로 워크북을 할 규칙적인 시간을 계획하고 이루고자 하는 것에 대해 분명한 목표를 정하는 것이 아주 중요합니다.

　다른 사람과 함께하지 않아도 당신이 이것을 한다고 알려 두고, 했는지 물어봐 달라고 부탁을 하는 것도 방법이 될 수 있습니다. 금연에 대해 밝히는 것처럼 공개는 자신의 의지를 단단히 하기 위한 것입니다. 그러니 공개 여부보다 당신의 마음을 단단히 먹는 것이 중요합니다. 심리치료를 받는다고 해도 일상에서 노력하지 않으면 변화는 아주 더디게 됩니다. 일주일 총 168시간 중 상담은 보통 1시간(50분)이고, 167시간은 혼자서 해내야 하기 때문입니다. 자신이 매주 같은 시간에 이 작업을 하고 있는 모습을 마음속에 그려 보세요. 상상의 효과는 아주 큽니다.

(2) 지인과 하려고 해요

혼자가 아니라 마음이 맞는 친구와 둘이서 하고자 할 수도 있고 또 여러 명이 함께 하고자 한다면 그것도 가능하답니다. 이 워크북을 하고 나서 다른 사람과 생각을 나누는 것은 보상이 될 수 있고 또 계속할 수 있는 원동력이 될 수 있습니다. 또 당신의 경험과 친구의 경험이 모여 더 넓은 생각을 할 수도 있고 지지가 되고 공감이 될 수도 있습니다. 친구와 같이하려고 할 때 중요한 점은 함께할 친구는 배려심이 있고 무엇보다 두 사람이 나눌 이야기에 대해 비밀 보장을 확실히 할 수 있는, 믿을 수 있는 사람이어야 합니다. 조금이라도 마음이 쓰인다면 혼자 하는 것이 좋겠지요?

두 사람이 함께하게 될 때 주의할 점은 모듈을 하고 이야기를 나누는데, 누군가에게 시간이 치우친다면 다른 한 사람이 불편해질 수 있으므로 시간을 동등하게 사용해야 합니다. 혹시 평소에도 그런 사이라면 혼자 하는 것이 더 나을 것입니다. 나누는 이야기의 정도는 서로 의논하여 결정합니다. 자세하게 이야기를 할 수도 있지만 작업을 한 후 소감을 나누는 정도가 좋을 수도 있습니다. 무엇보다 중요한 것은 비밀을 보장하는 것이며, 서로를 존중하고 배려하는 태도입니다.

- 비밀 보장이 되어야 합니다.
- 이야기 나누는 시간은 동등해야 합니다.
- 어떤 부분에 대해 나눌지 정할 수 있습니다. 작업 전체에 대해 이야기를 할 수도

있고 작업 후 소감만 나눌 수도 있습니다.

2) 준비물

볼링을 한다면 신발과 볼링공이 필요하고 수영을 한다면 수영복과 수영모가 필요하듯이 이 워크북을 위한 준비물이 필요합니다. 이 워크북은 미술 작업을 주로 하게 되지만 생각을 정리하기 위해 글을 쓰기도 합니다. 그래서 미술 재료와 함께 필기도구가 필요합니다. 제일 중요한 것은 그때그때 마음이 내키는 재료를 선택하는 것이 가장 좋습니다. 몇 가지 재료를 가지고 있다면 선택할 수 있을 것입니다.

기본과 추가 재료로 나누어 두었지만 반드시 있어야 하는 것은 아닙니다. 여건을 고려하여 준비하면 좋겠습니다.

- 기본: 색연필(12색 이상, 연필 모양), 사인펜(12색 이상), 파스텔(24색 이상), 크레용이나 크레파스(12색 이상), 수채화 물감(24색 이상), 팔레트, 물통, 수채화용 붓(사이즈 다양하게), 색종이, 가위, 딱풀
- 추가: 파스넷(12색 이상), 점토(예: 찰흙, 아이클레이 등),[1] 잡지,[2] 스케치북[3](A4 또는 8절 크기) 또는 도화지, 아크릴 물감[4](24색 이상), 아크릴용 팔레트, 물통, 아크릴용 붓[5] (사이즈 다양하게)

---

[1] 점토에는 여러 가지 종류가 있는데, 이 중 자유롭게 사용하면 됩니다. 찰흙은 자연에서 온 것으로 마음을 편안하게 만들어 주는 특징이 있습니다. 아이클레이는 폴리머 점토 중 하나인데, 다양한 색으로 구성되어 있으며 손에 붙지도 않고 보관을 잘하면 오래 사용할 수 있습니다.

[2] 잡지는 다양한 인물, 풍경, 사물의 사진과 글이 포함되어 있습니다. 때로 그림으로 표현하기 어렵다고 느껴질 때, 당신의 마음과 가장 가까운 사진이나 글을 오리거나 찢어서 붙일 수 있습니다. 또는 잡지를 물감을 짜 놓은 팔레트라고 생각하여 필요한 색을 오리거나 찢어 붙일 수 있습니다.

[3] 작업을 더 하고 싶을 경우 스케치북이나 도화지를 준비해 두면 좋습니다.

[4] 빨리 마르기 때문에 작업하고 난 후 잠시 있다가 금방 워크북을 덮을 수 있습니다.

[5] 수채화 물감처럼 물을 사용해서 작업하지만 붓을 빨리 세척하지 않으면 물감이 굳어서 플라스틱처럼 되기 때문에 붓을 다시 사용할 수 없습니다. 사용 즉시 물에 깨끗이 씻어 두기 바랍니다.

단, 한 가지 재료만 준비해서 그것만 사용하는 것은 무리가 없지만, 여러 가지 재료를 준비해서 다양하게 사용해 보는 것도 치유를 위해 좋은 방법이 될 수 있습니다. 어떤 재료는 당신의 생각, 감정을 더 자연스럽게 표현하게 합니다. 재료라는 것도 세상을 구성하는 환경에 속하는 것이니, 재료를 다양하게 사용해 보면 다양한 환경 속에서 당신이 어떻게 반응하는지를 알 수 있습니다. 숨어 있던 생각이나 감정을 찾을 수도 있고 당신의 창의성, 융통성과 통합적 사고를 기를 수도 있습니다.

3) 시간 및 기간

5가지의 모듈은 각각 4가지의 작업들로 이루어져 있습니다. 총 20가지 작업으로, 작업마다 걸리는 시간은 개인에 따라 다를 수 있습니다. 대략 한 작업에 30분에서 1시간 정도 소요될 수 있습니다. 보통 상담이 일주일에 1회 50분간 진행되는데 그 방식으로 주요 작업을 하면, 즉 일주일에 한 번, 한 가지 작업을 한다면 총 20주의 시간이 소요될 수 있습니다. 한 주에 두 가지 작업을 해도 좋습니다. 그럼 10주가 걸릴 것입니다. 하루 날을 잡아서 한 번에 한 가지 모듈씩 한다면 5일이 걸릴 것입니다. 저자가 집단으로 운영할 때는 하루에 한 모듈씩 5주 동안 진행하였습니다. 개인적으로 할 때 빠르게 진행하고자 하더라도, 하루에 한 모듈씩 하여서 연이어 5일 안에 마치기보다는 일주일에 한 모듈씩 할 것을 권합니다. 한 주 동안 생각하고 탐색하며 실천할 시간을 가지면 효과적일 것입니다.

4) 방법

혼자서 상담을 해 나간다는 것이 혼자서 운동을 꾸준히 하는 것처럼 쉬운 일은 아닐 수 있습니다. 가벼운 마음으로 '하고 싶을 때 해야지.' 하는 마음으로 접근하면 중도에 그만두고 워크북은 책꽂이에 오랫동안 꽂혀 있을 수도 있습니다. 다음 내용들을 고려하여 진행하면 좋겠습니다.

당신을 위한 미술치료를 위해……

- 어릴 때 그림일기를 그리듯이 작업하는 시간을 정해 두고 시작하면 좋습니다.
- 미술 재료를 사용할 때는 자유롭게 선택하고 자유롭게 그림을 그리면 됩니다.
- 그림에 대해서는 어떠한 판단이나 평가를 하지 않습니다. 판단이나 평가는 전혀 도움이 되지 않는답니다. 그림은 마음의 표현입니다. 그러므로 당신의 마음이 보내는 메시지를 가볍게 대하면 안 됩니다.
- 때로는 왼손으로 작업해 보기 바랍니다(왼손을 주로 사용하더라도 왼손으로 작업하세요). 좌뇌와 우뇌의 신경은 연수에서 교차되어 우뇌의 신경은 몸의 왼쪽으로 뻗어 있습니다. 왼손으로 작업하면 우뇌를 자극하게 되어 감정을 자연스럽게 표현하는 데 도움이 됩니다. **모듈 1**을 시작하기 전에 비주얼 저널 작업을 할 때 왼손으로 작업해도 좋습니다.
- 이 워크북은 당신의 진실한 마음이 표현되는 것입니다. 그러니 다른 사람에게 노출되지 않도록 잘 보관해야 합니다.
- 충분한 시간을 갖고 할 수 있도록 계획하면 좋겠습니다.
- 공공장소에서 작업하는 것은 주의하길 바랍니다. 당신의 마음과 만나는 작업이니 다른 사람의 방해를 받지 않는 고요한 장소면 더 좋을 듯합니다.
- 오래된 트라우마와 관련되어 삶의 많은 영역에 영향을 미치는, 아주 풀기 어려웠던 문제라면 혼자 하는 것보다 심리치료실을 방문하는 것이 더 좋을 수 있습니다.

미술치료를 공부하던 한 학생은 자신의 그림을 다른 사람과 비교하며 계속 "나는 그림을 잘 못 그려요. (다른 그림을 가리키며) 저렇게 그려야 하는데, 잘 안 돼요."라는 말을 반복하였습니다. 다시 말씀드립니다. 그림은 자기 마음이 보내는 메시지입니다. 화가로서 작업하는 것이 아니니까 잘 그려야 하는 것이 아닙니다. 그런데 잘 그리고 싶다면 미술학원이나 문화센터에서 배우기를 권합니다. 그럴 생각이 없다면 비교, 판단이나 평가를 멈추는 것이 더 현명한 방법입니다. 자기 비난적인 표현을 한다고 상황이 달라지는 것은 아니기 때문입니다.

제3부에는 비주얼 저널과 만다라 작업, 일상적 사고감정 그림일기 작업이 있습니다. 첫 작업을 하기 전에 비주얼 저널 작업을 며칠 하길 바랍니다. 천천히 자신의 마음에 다가가는 것입니다. 일주일에 한 번씩 작업을 하기로 했다면 비주얼 저널이나 만다라 작업, 일상적 사고감정 그림일기 작업을 작업과 작업 사이에 하는 것도 좋습니다.

또 스트레스가 많은 날이라면 20개의 주요 작업을 하는 것보다 비주얼 저널 작업이나 만다라 작업, 일상적 사고감정 그림일기 작업을 하는 것이 더 좋을 수도 있습니다.

2 자기 상담을 위한 미술치료의 관점이에요

1) 인지행동 미술치료

만약 소개로 누군가를 만나게 되었다고 생각해 봅시다. 당신은 커피숍에서 그 사람과 만나서 이야기를 하게 되었습니다. 당신이 이야기를 하는데 상대가 자꾸 아래를 내려다보거나 딴 곳을 본다고 상상해 보기 바랍니다. 당신의 머릿속에 어떤 생각이 지나갈까요? 아마 '내 얘기가 재미없나?' '내가 싫은 건가?' 또는 '나를 무시하는구나.'라는 생각이 머릿속에 떠오를 수 있습니다. 만약 그런 생각이 들었다면 기분이 어떨까요? 우울한 기분이 들거나 화가 날 수도 있습니다. 우울한 기분이 든다면 어떻게 할까요? 화가 난다면 어떻게 할까요? 말수가 줄어들고 음료만 마시게 될 수도 있고, 차가운 목소리로 바쁜 일이 생각났다며 자리에서 일어날 수도 있을 것입니다. 이제 처음 상황으로 되돌아가 봅시다. 당신이 이야기를 하는데 상대가 자꾸 아래를 내려다보거나 딴 곳을 봅니다. 당신은 '저 사람이 좀 수줍어하는구나.'라고 생각합니다. 이렇게 생각하면 기분이 어떨까요? 우울해지거나 화가 나기보다 좀 더 활기를 느낄 수 있습니다. 활기를 느낀다면 좀 더 적극적으로 이야기를 하게 될 수도 있습니다. 이렇게 특정 상황에서 어떤 생각을 하는가에 따라 감정이 따라오고 이 감정은 행동으로 이어질 수 있습니다. 또는 감정이 먼저 느껴지고 감정에 따른 행동으로 이어지기 쉽습니다. 때로는 머릿속에 어떤 이미지가 떠오르고 동시에 감정이 느껴지며, 감정과 연결된 행동을 하게 될 수 있습니다. 상황에 따라 신체에서도 열이 나거나 긴장되고 땀이 나는 등의 반응이 있을 수 있습니다.

여러 상황에 따라 머릿속에 여러 가지 생각과 이미지가 떠오를 수 있는데, 대체로 우리는 그런 생각이나 이미지를 사실로 받아들입니다. 사실로 받아들이면 그 생각으로 인해 감정이 생기고 불편해지니까 피하거나 불편을 해결하기 위해 어떠한 행동을 하게 됩니다. 부정적인 감정이나 생각을 회피하거나 행복한 상태로 만들려는 노력이 오히려 생각이나 감정을 더 많이 만들 수도 있습니다. 즉, 우리에게 주어진 상황 속에서 생각, 감정, 행동과 신체반응이 일어나고 이 네 가지는 서로 영향을 미치게 됩니다.

인지행동치료(Cognitive Behavioral Therapy)는 우리 삶에 나쁜 영향을 미치는 부정적인 자동적 사고와 감정을 알아차리게 하고, 그것에 대해 인지적인 전략과 행동적인 전략을 통해 지금-여기에서 좀 더 균형 잡힌 생각과 적응적인 행동을 할 수 있도록 돕는 접근 방법입니다. 그리고 미술치료는 미술 작업의 창의적 활동을 통해 사고, 감정 등을 탐색, 표현하고 자기와 삶을 새롭게 볼 수 있도록 하여 성장을 도모하는 과정입니다. 따라서 인지행동 미술치료(Cognitive Behavioral Art Therapy)는 앞서 언급한 것과 같은 인지행동치료와 미술치료의 공통적인 요소와 각각의 특징을 활용하여 치유적인 효과를 높인 과정입니다. 이 프로그램은 인지행동 미술치료 과정으로서 저자의 연구와 임상 경험을 통해 효과적인 프로그램으로 구성한 과정입니다.

2) 비주얼 저널

비주얼 저널(Visual Journal)은 비주얼 치료(Visual Therapy)와 저널 치료(Journal Therapy)의 합성어입니다. 비주얼 치료는 넓은 의미에서 미술치료이고, 저널 치료는 치료적 목적으로 사용되는 다양한 형태의 글쓰기로, 삶에서 자각한 나의 생각, 감정을 글로 표현하는 것입니다(정은주, 2013; Riordan, 1996). 따라서 비주얼 저널은 그림 작업을 하고 작업에 따른 경험과 생각, 감정을 기록하는 과정으로, 좌뇌와 우뇌를 모두 사용하여 당신의 진정한 내면을 탐구하는 방법입니다. 즉, 그림은 그림을 그린 자에게, 그리고 그림을 보는 자에게 삶을 돌아보는 철학적인 질문을 던집니다. 그 질문은 글쓰기로 이어지고 저널 작업은 당신의 삶에 대한 질문의 답을 깊이 생각하고 찾아가도록 돕습니다(정은주, 2018; Yalom, 1980).

또한 비주얼 저널은 그림 작업과 글쓰기를 통한 의식적이고 무의식적인 자유로운 표현을 통해 스트레스를 해소하고, 삶에서 직면하는 문제에 대한 적합한 선택이 가능하도록 돕습니다(김영호, 2005). 이 작업은 자기를 수용하고 돌보며, 자기를 성장시키기 위한 과정입니다(정은주, 2013, 2018).

이러한 비주얼 저널은 예술 작품을 창작하는 활동이 아닙니다. 마음이 이끄는 대로 색이나 형태, 질감으로 표현하고 이 경험 과정에서 의식화된 내용을 글로 표현하는 것입니다. 그림에 대해 어떠한 판단이나 평가를 하는 것은 도움이 되지 않습니다. 많은 사람이 '난 그림을 못 그리는데'라는 판단을 하는데, 그것은 어릴 적 경험으로 인한 평가일 뿐 당신을 탐색할 때는 어떠한 도움도 되지 않습니다. 그런 생각을 흘려보내고 당신의 마음이 선택하는 대로 색을 선택하여 누구도 의식하지 않는 상태에서 자유롭게 그려 보면 됩니다. 때로는 왼손으로 작업하는 것도 도움이 됩니다. 어차피 왼손으로는 잘 그릴 수도 없으니까요(물론 왼손을 주로 사용하는 경우라면 다를 수 있겠지만).

언어가 발달하여 인류가 언어를 사용하기 시작한 지는 얼마 되지 않았습니다. 원시시대를 생각해 봅시다. 그때는 무엇으로 표현하였을까요? 맞습니다. 몸의 움직임으로 표현하고, 소리로 표현하고, 반구대 암각화처럼 그림으로 표현하였습니다. 움직임, 소리와 그림은 우리의 마음을 표현하는 수단일 뿐입니다. 잘 그려야 하는 평가의 도구가 아닙니다.

비주얼 저널 작업을 위해서……
❶ 비주얼 저널 페이지에 오늘의 날짜를 씁니다.

❷ 그림 작업을 할 때는 마음에 끌리는 미술 재료를 선택하면 좋습니다.

❸ 그림 칸에 오늘 불편했던 기억을 떠올려 그때의 감정을 표현해 보세요. 구체적으로 그려도 좋고 추상적으로 그려도 좋습니다. 자유롭게 표현하면 됩니다.

❹ 오늘 경험 중에 그리고 싶은 내용이 없다면 마음 가는 대로 자유롭게 표현해 보아도 됩니다.

❺ 작업이 끝나면 작업 과정에서 떠오른 내용을 글로 씁니다. 그림을 그리듯 글로 자유롭게 쓰면 됩니다. 컴퓨터를 사용하지 말고 천천히 손으로 써 보길 바랍니다.

❻ 때로는 왼손으로 글을 쓰는 것도 도움이 됩니다. 당신의 마음이 하고 싶은 말을 놓치지 않고 들을 수 있습니다. 평소에 왼손을 주로 사용하여도 왼손으로 쓰면 됩니다.

제3부의 **모듈 1** '나의 감정을 표현해 볼게요'의 비주얼 저널을 활용하여 그날의 감정을 쌓아 두기보다 자연스럽게 표현하면 좋을 듯합니다.

3) 색채심리

인간이 시각으로 느낄 수 있는 빛을 가시광선이라고 하는데 가시광선은 많은 색을 포함하고 있습니다. 가시광선은 파장을 가지고 있고 파장에 따라 다른 색을 나타내기 때문입니다. 물체가 빛을 받을 때 물체의 성질에 따라 빛을 반사하게 되는데, 그 반사되는 빛의 파장이 눈을 통해 감각될 때 색을 지각하게 됩니다. 눈을 통해 들어온 색은 뇌로 전달되면서 우리의 경험과 연결되어 색 그 자체가 아니라 심리적인 색이 됩니다 (정은주, 김정훈, 2015). 어떤 색을 좋아한다는 것은 본능적인 끌림이 있을 수도 있지만 많은 경우 어떠한 경험과 관련되어 있다고 볼 수 있습니다.

사실 우리의 기억은 모두 색으로 구성되어 있다고 해도 과언이 아닙니다. 우리의 환경은 모두 색을 가지고 있기 때문입니다. 환경이란 내 삶이 펼쳐지는 곳입니다. 그렇기 때문에 반복적으로 살아가는 삶은 똑같은 색을 보며 사는 것이라고 할 수 있고 그래서 지겨움을 느낄 수 있습니다. 그러므로 우리가 여행을 가는 것은 새로운 색을 보고 싶어서 떠나는 것이라고 말할 수도 있겠지요? 실외에서 운동을 하는 것이 좋은 이유도 모든 색을 포함한 빛을 온전히 받을 수 있기 때문입니다. 아무튼 우리에게 좋아하는 색이 생기고 싫어하는 색이 생기는 것도 색이란 것이 우리의 경험에서 빼놓을 수 없는 것이기 때문입니다. 어떤 면에서는 원래 좋은 색과 원래 나쁜 색은 없다는 뜻이기도 합니다.

이렇게 색은 자신의 주관적인 의미를 담고 있습니다. 그래서 하나의 그림에서 어떤 색을 주로 사용하게 되었다면 그 색이 보내는 메시지를 읽는 것이 자신을 이해하는 데 도움이 될 수 있습니다. 색을 보고 떠오르는 기억이 있다면 그것을 더 탐색해 보는 것도 도움이 될 수 있습니다. 기억이 잘 떠오르지 않을 때 아래에 있는 색의 의미를 참고하면 도움이 될 수 있습니다. 주로 사용한 색, 진한 색과 희미한 색, 사용하지 않은 색을 중심으로 살펴보면 됩니다. 색과 관련된 다음 단어 중에 마음에 끌리는 것을 중심으로 좀 더 탐색해 본 후 글로 써 볼 수 있습니다. 다음은 색의 상징적인 의미입니다.

- 빨강: 열정적인, 에너지 넘치는, 책임감이 강한, 적극적인, 활동적인, 확신, 현실적인, 진취적인, 권력, 능력, 새로운 시작, 육체적 사랑, 흥분, 자극적인, 추진력, 거친, 공격, 분노, 혐오, 거만한
- 주황: 자유로운, 즐기는, 긍정적인, 외향적인, 개방적인, 따뜻한, 관심을 받고 싶은, 사교적인, 명랑한, 깨달음, 열정적인, 낙천적인, 젊은, 거만한, 과시하려는, 자극적인, 우울한, 슬픈, 공격적인, 과장, 강요
- 분홍: 사랑하는, 보살펴 주고 싶은, 인류애, 위로가 필요한, 수줍은, 로맨스, 자기애, 진실된 희생과 사랑, 부드러운, 누군가 돌봐 주는, 달콤한, 조용한, 순한, 나약한
- 노랑: 희망적인, 지적인, 교육적인, 논리적인, 새로운 것을 추구하는, 정보를 얻기

위해 만나는, 자유로운, 가벼운 마음, 눈에 띄는, 호기심, 외향적인, 행복한 발전을 꿈꾸는, 좌절, 무기력한, 비관적인, 복수심, 아첨, 신경과민

- 초록: 질서 있는, 엄격한, 예의 바른, 안정적인, 안전한, 적응적인, 참을성이 많은, 베푸는, 협력적인, 포용력 있는 사랑, 휴식, 올바른 판단, 평화로운, 희망, 생명, 추수의 기쁨, 무관심, 불안정, 질투 어린, 조심스러운, 조숙한

- 파랑: 고요한, 이완된, 평화로운, 낭만적인, 깊이 생각하는, 내향적인, 정직한, 진정시키는, 이성적인, 신뢰할 수 있는, 의지가 곧은, 책임감 있는, 의심스러운, 비현실적인, 피곤한, 게으른, 무기력한, 우울한

- 보라: 품위 있는, 고상한, 정신적인 세계에 관심이 있는, 직관적인, 독립적인, 예술적인, 신비로운, 현실적인 이상주의, 인내력이 부족한, 경솔한, 외로운, 비현실적인 이상주의, 오만한, 매혹적인 쾌락, 우울한

- 갈색: 신뢰할 수 있는, 안정적인, 생명력, 긴장 완화, 편안한, 지나친 향유, 신체의 민감성, 고집스러운, 완고한 자기주장, 설득력, 억제, 가난, 무시받는

- 검정: 잠재력, 무의식, 가능성, 우아한, 성숙한, 혼란스러운, 불안한, 절망적인, 권위적인, 도전적인, 자기 주도적인, 방어적인, 강한 힘을 원하는, 절대적인 시작과 끝, 어두운, 부정적인, 염세적인, 기피하는, 의심, 죽음, 상실, 슬픈

- 흰색: 계몽적인, 풍요로운, 완벽함을 추구하는, 맑은, 순수한, 청결한, 결백한, 긍정적인, 욕망과 고통에서 벗어나고 싶은, 수동적인

- 회색: 주체도 객체도 아닌, 긴장도 해방도 아닌, 경계적인, 양면성, 조용한, 평범한 날, 늙어 가는, 창백해지는, 소멸되는, 단조로운, 우울한, 좌절, 음흉한, 걱정, 불행

다른 색인데 같은 의미가 있는 것을 발견했을지도 모르겠습니다. 예를 들어, 파랑의 '평화로운'과 초록의 '평화로운'처럼 다른 색에 같은 의미가 포함되어 있는 경우가 있습니다. 왜냐하면 파랑과 노랑을 섞으면 초록이 되니까 같은 의미가 포함되어 있을 수 있

습니다. 하나의 작업에 주로 사용한 색은 자신의 관심사를 나타내고 있을 수 있으며, 선명한 색은 그 색의 원래의 의미를 나타내고, 희미한 색은 너무 많이 써서 의미를 잃은 상태(예: 빨강이 흐릿하게 표현되었다면 에너지를 너무 많이 써서 지친 상태)이거나 잘 드러내지 못하고 있는 상태일 수 있습니다. 거칠게 표현되었다면 부정적인, 문제가 되는 상태일 수 있습니다. 항상 사용하지 않는 색이 있다면 그 색과 관련된 부정적인 생각이나 기억이 있을 수도 있습니다. 색에 담긴 의미가 필요하다면(예: 에너지가 필요하다면 빨강) 색의 의미를 보고 그 색을 의도적으로 사용하는 것도 좋은 방법이 될 수 있습니다. 다만 색의 의미(정은주, 김정훈, 2015; Braem, 1985; Riedel, 1999; Riordan, 1996; Sun & Sun, 1992)에 국한해서 보기보다 참고하여 자신을 탐색하는 것이 좋습니다.

4) 마음챙김을 위한 만다라

마음챙김 명상(Mindfulness Meditation)은 위파사나(Vipassana) 명상으로, 우리의 몸과 마음에서 일어나는 여러 가지 현상을 관찰하며 있는 그대로 보기 위한 수행입니다. 이를 위해 호흡을 통해 관찰을 시작하게 되는데, 명상을 하게 되면 이전에는 호흡에 대해 전혀 관심을 갖지 않았다는 것을 발견하게 되고 또 자신의 머릿속에 얼마나 많은 생각이 떠오르는지 발견하게 됩니다.

우리에게 명상이 필요한 이유는 일상이 자극이고 우리는 거기에 적응해야 하는데 이것은 많든 적든 스트레스가 되기 때문입니다. 스트레스를 받게 되면 몸에서는 스트레스 호르몬이 분비됩니다. 에피네프린, 노르에피네프린, 코르티솔 등의 스트레스 호르몬의 분비로 단기적으로는 에너지를 만들고 자극(스트레스원)에 대처할 수 있게 됩니다. 반면에 장기적으로는 불안이나 긴장 등의 감정적 변화뿐만 아니라 신체적으로 혈압과 혈당이 높아지며, 위장장애, 과민성대장증후군, 호흡곤란이 올 수 있고, 체내 지방이 증가하고 기억력 감퇴, 주의력 부족이 나타날 수 있으며, 피곤, 통증, 염증 등의 반응도 나타날 수 있습니다.

또, 세상은 "이래야 한다, 저래야 한다."라고 말합니다. 당신도 그것을 진정 원하는 것처럼 착각하게 됩니다. 그러면 마음은 항상 '불일치 모니터'를 작동시켜서 당신이 원하고, 기대하고, 요구하는 것과 기준에 반하는 자기 상태나 현재 상황을 지속적으로 비교, 평가하고 통제하게 됩니다(Seal, Williams, & Teasdale, 2002). 불일치로 평가되면 부정적인 감정 상태에 빠지게 되고 불일치를 감소시키려는 노력을 하게 됩니다. 이렇게 마음은 끊임없이 불일치를 줄이는 방향으로 움직이게 됩니다. 그러나 삶은 우리가 원하는 대로 모두 이루어지지 않습니다. 특히, 감정은 항상 변화합니다. 그러므로 마음은 지금-여기에 머물지 못하고 지나간 과거를 되새기고 후회하며, 다가올 미래에 대해 걱정하고 있습니다. 〈이상한 나라의 폴〉[6]처럼 지금-여기에 있지 않고 혼자서 이상한 나라로 가 있는 것입니다. 비슷한 이야기로 미국의 심리학자 윌리엄 제임스(William James)는 "우울해하거나 오랫동안 걱정한다고 해서 과거나 미래의 일을 바꿀 수 있다고 믿는다면, 당신은 현실 체계가 아닌 전혀 다른 외계행성에 살고 있는 것이다."라고 말했습니다.

> 세상에서 가장 소중한 선물은 과거도 아니고 미래도 아니다.
>
> 세상에서 가장 소중한 선물은 바로 현재라는 이 순간이다.
>
> 세상에서 가장 소중한 선물은 바로 지금이다.
>
> – 스펜서 존슨(Spencer Johnson)

마음챙김 명상이란 어떠한 판단도 하지 않고 현재 순간에 머무르는 것이며(Kabat-

---

6) 〈이상한 나라의 폴〉은 1976년 제작된 애니메이션입니다. 주인공 폴은 여자친구인 미나를 구하려고 마왕의 소굴로 들어가게 됩니다. 그 이상한 나라로 들어갈 때 폴은 지금-여기에서의 시간이 멈추게 됩니다. 이처럼 부정적인 생각이나 감정에 빠지면 마음이 지금-여기에 있지 못한 상태가 됩니다.

Zinn, 1990; Segal, Williams, & Teasdale, 2002), 마음을 지금-여기에 가져오는 것입니다. 마음은 무의식적이고 자동조정 상태에 빠져 있어 산만하고 무언가에 집착하거나 회피하려고 애를 씁니다. 마음챙김 명상은 매사에 휩쓸리지 않고 균형을 유지하도록 도와주며, 집중력이 증가하고 이완되고 평온하도록 돕습니다.

또한, 마음챙김 명상은 탈중심화(decentering)하는 것입니다. 부정적인 생각에 빠지지 않고 생각을 단지 생각으로만 보는 것입니다. 마음에서 한 발짝 뒤로 물러나 거리를 두고 바라봅니다. 부정적인 감정이나 신체감각도 마찬가지로 거리를 두고 바라봅니다 (Segal, Williams, & Teasdale, 2002). 그리고 지금-여기에서의 경험에 마음을 가져오는 것입니다.

마음챙김 명상을 하기 전에 기본 태도(Kabat-Zinn, 1990)를 안내해 드리겠습니다. 첫째, 판단하지 않습니다. 어떠한 판단이나 선입견, 편견 없이, 관찰자의 입장에 서려고 노력하는 것이 중요합니다. 둘째, 인내심을 가지도록 합니다. 변화를 이루려면 시간이 필요하기 때문입니다. 셋째, 처음 시작할 때의 마음을 유지하도록 합니다. 시간이 지나 조금 익숙해지면 자동화에 빠지기 쉽고 때로는 이미 알고 있다는 생각으로 인해 처음의 순수한 마음을 잊을 수도 있기 때문입니다. 넷째, 자신에 대한 믿음을 가지도록 합니다. 타인의 의견보다 자기에게 어떤 의미를 갖는가가 중요합니다. 다섯째, 지나치게 애쓰지 않도록 합니다. '편안해야 해, 깨달음을 얻어야 해.' 하는 마음은 목표를 추구하려는 마음이고, 그러면 애쓰게 되고 목표에 집착하면서 더 멀어지게 됩니다. 마음챙김 명상은 극단적으로는 아무것도 하지 않는 것이기 때문에 애쓰지 않아도 됩니다. 여섯째, 수용합니다. 부정하거나 저항하거나 회피하려 하지 않고 현상을 있는 그대로 봅니다. 일곱째, 내려놓습니다. 명상은 체험하는 것을 있는 그대로 보고 관찰하는 것입니다. 떠오르는 생각을 붙잡으면 사실이 되고 집착하게 됩니다. 그냥 지나가게 둡니다.

자, 이제 마음의 준비가 되었다면 호흡 명상을 시작해 볼까요? 의자에 앉아서 할 것이라면 등을 꼿꼿이 세우고 앉습니다. 다리는 어깨넓이 정도로 벌리고 발은 발바닥

전체가 바닥에 닿도록 합니다. 손은 펴서 무릎 위에 놓거나 단전 앞에 가지런히 모읍니다.

> 호흡에 집중하면서 나의 몸에서, 나의 머릿속에서 무슨 일이 일어나는지 관찰합니다. 공기를 코를 통해서 들이쉽니다. 공기가 코를 통해 들어오고 기도를 통해 내려가 아랫배에 이릅니다. 아랫배에서 참을 수 있는 만큼 참았다가(억지로 참지는 마시고) 천천히 코로 내쉽니다. 공기가 들어오고 배에 머물고 나아가는 것을 관찰해 보세요. 천천히 호흡하며 관찰합니다. 호흡하는 도중 어떠한 생각에 빠져들면 알아차리고 다시 호흡에 마음을 가져오면 됩니다.
>
> – 존 카밧-진(Jon Kabat-Zinn)

이러한 깊은 호흡은 횡격막을 위아래로 움직이게 하며, 이는 횡격막 부근에 있는 부교감 신경계를 자극하므로 이완이 됩니다. 호흡할 때는 입으로 호흡하지 않습니다. 억지로 숨을 참지 말고 자신의 자연스러운 호흡으로 하면 됩니다. 처음 한다면 하루에 3분, 호흡할 공간을 마련하여(3 Minutes Breathing Space: 3MBS) 시작해 보면 좋겠습니다. 3분이 무리 없이 된다면 10분, 15분으로 늘려 가면 좋을 듯합니다. 그래서 하루에 30분에서 40분 할 수 있으면 되고, 일주일에 여섯 번 이상 합니다. 무엇보다 적은 시간이라도 꾸준히 하는 것이 중요합니다.

마음챙김 명상은 모든 일상 속 모든 활동에서 할 수 있는데—걷기 명상, 먹기 명상 등—만다라(Mandala) 작업 또한 마음챙김을 할 수 있는 활동입니다. 만다라는 원을 뜻하며, 본질을 의미합니다. 얀트라(Yantra)나 젠탱글(Zentangle)이라고 부르기도 합니다. 만다라를 통해 마음과 몸의 소통을 활성화하며 심리적 안정을 얻고 자기를 발견하고 마음의 치유를 경험하게 됩니다(정은주, 2012; Fincher, 2009). 만다라는 명상의 시각화로, 작업을 통해 마음을 지금-여기에 가져오는 것입니다. 그림을 그리고 색칠하는 감각적 활동에 주의를 가져올 수 있습니다.

만다라에 대한 오해가 하나 있습니다. 만다라를 불교만의 종교 활동으로 생각하는 것입니다. 이것은 사실이 아닙니다. 명상을 위해 불교문화에서 만다라를 활용하고 있긴 하지만, 불교문화에만 있는 것은 아닙니다. 부활절 만다라나 프랑스 샤르트르 대성당의 미로 십자가처럼 기독교, 천주교 등에서도 볼 수 있고, 아시아 민족 문화뿐만 아니라 캘트족, 아프리카 원주민의 문양 등 다른 민족 문화에서도 볼 수 있습니다. 다시 말해, 전 세계 인류 문화에서 볼 수 있는 것이 만다라입니다.

만다라 작업에는 크게 두 가지로, 문양 만다라와 자유 만다라가 있습니다. 문양 만다라는 이미 선이 그려져 있어서 색칠을 할 수 있는 것으로, 마음에 끌리는 색을 선택하여 바깥쪽에서 안쪽으로 또는 안쪽에서 바깥쪽으로 색칠합니다. 자유 만다라는 테두리 원부터 내부의 문양까지 자유롭게 그리고 색칠하는 것입니다(이 워크북에는 테두리 원을 제시하고 있는데 그 위에 문양을 그리고 색을 입히면 됩니다). 문양은 점, 선, 삼각형, 사각형, 원 등으로 구성할 수 있습니다.

만다라 작업을 하는 동안 어떤 생각이 떠오르면, 그런 생각을 하고 있었다는 것을 알아차린 후 다시 작업에 마음을 가져오면 됩니다. 작업에 대해 못 그렸다거나 마음에 안 든다거나 하는 어떤 판단도 하지 않습니다.

만다라 작업을 하기 전 명상을 하고, 작업을 하는 동안에도 생각에 빠진다면 호흡 명상을 하며 작업합니다. 작업 후에도 잠시 명상을 하여 마무리하면 좋겠습니다.

제2부

자기를 위한 미술치료를
시작해 볼까요

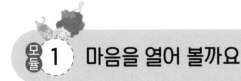 

모듈 1 마음을 열어 볼까요

이 모듈의 목적은 자신이 다루고자 하는 문제를 명확하게 하는 것입니다. 문제를 해결하고자 이 워크북을 활용하려고 하는데 당면한 한 가지 문제를 직시하고 있는 경우도 있고, 여러 가지 문제를 갖고 있어서 어떤 것부터 다루어야 하는지 명확하지 않을 수도 있습니다. 이 과정은 한 가지 문제에 초점을 맞추도록 계획되어 있습니다. 그래서 이 모듈은 다룰 문제 중 한 가지를 선택하도록 돕습니다. 여러 가지 문제를 해결하고 싶다면 한 번에 한 가지씩 선택하여 해결해 나가길 권합니다. 즉, 한 가지 문제를 끝까지 해결하고 나서 다시 처음부터 새로운 문제를 선택하고 진행하면 됩니다.

이 모듈은 네 개의 작업으로 구성되어 있습니다. **작업 1**을 시작하기 전에 제3부 **모듈 1**에 있는 비주얼 저널 작업을 하길 권합니다. 이 작업은 감정을 통해 생각을 찾는 훈련이기도 하고 그림을 그리는 것에 조금이라도 편해지도록 돕기 위한 것입니다. 하루에 한 가지, 감정적으로 힘들었던 일을 떠올려서 그 감정을 표현해 보고 그때 어떤 생각을 했었는지 기록해 보는 것입니다. 일주일에 두 번 이상 해 보기 바랍니다. 그다음 **작업 1**을 하면 됩니다. **작업 1**은 현재 자신이 어떤 생각을 하고 어떤 감정을 느끼고 있는지 탐색하는 것입니다. **작업 2**는 좀 더 깊은 내면의 생각과 감정, 욕구 등을 탐색하는 것이 목적입니다. **작업 3**은 신체화 그리기를 통해 자기, 타인, 미래, 세상에 대한 신념을 발견하기 위한 것입니다. 우리는 우리가 직면하는 모든 상황에서 생각을 하고 감정을 느끼게 됩니다. 하지만 그 감정들을 그대로 표현하며 살아갈 수가 없습니다. 감정은 신체에 억압되고 쌓이게 됩니다. 또, 통증 등 여러 가지 스트레스 반응을 유발합니다. 통증은 마음이 보내는 메시지라고 했습니다(Sarno, 1991). 신체 통증을 통해 감정을 발견하고 그 감정들 중에서 자주 느끼는 감정을 중심으로 그 감정과 관련된 생각을 찾고, 그 생각에 영향을 미치고 있는 신념을 찾고자 합니다. 신념(일종의 도식)이란 특정 상황에서 그렇게 생각을 하게 하는 데 영향을 미치는 기저의 생각입니다. 이러한 도식(스키마)이 우리 성격을 이루고 있습니다. 예를 들어, 시험을 앞두고 있는 사람이 '난 이 시험에서 떨어질 거야.'라는 생각을 하고 있다면 이 생각에 영향을 미치는 부정적인 신념이 있을 가능성이 큽니다. 즉, 이러한 생각 아래에 '난 쓸모가 없어.' '난 무능력한 인간이야.' 등 부정적인 신념이 있을 가능성이 큽니다. 이 작업에서는 이러한 신념을 발견하게 될 것입니다. **작업 3**에서 신념을 발견하고 나면 자신의 지금 생각보다 힘들고 고통스러울 수 있습니다. 그 신념이 부정적일 가능성이 높기 때문입니다. 그래서 **작업 4**는 그 감정을 표현하는 시간을 가지는 것입니다.

　이제 당신의 문제를 탐색할 준비가 되었을까요? 그럼 시작해 봅시다.

작업 1 — **현재 나의 모습**

　이 작업은 요즘 당신이 어떤 생각들을 하고 있고, 그 생각들을 하면 어떤 감정을 느끼게 되고 어떻게 행동하는지 명확하게 인식하기 위한 것입니다.

1. 준비물: 색연필, 사인펜

2. 방법

　1) 현재 자신의 모습을 머리끝부터 발끝까지 그려 보세요.

　2) 작업이 끝난 후 요즘 나는 어떤 생각을 자주 하고 어떤 감정을 주로 느끼는지 생각해 보세요.

3. 참고 사항

　1) 이 작업에서는 연필과 지우개를 사용하지 마세요.

　2) 색칠을 하거나 배경을 그리는 것은 자유입니다.

4. 활동: 다음 상자 안에 현재 자신의 모습을 표현해 보세요.

5. 다음 질문에 답해 보세요.

1) 어떤 색깔을 가장 많이 사용하였나요? 그 색은 어떤 것을 연상시키나요?

2) 연상된 단어들을 보니 어떤 생각이 드나요?

3) 그림 속 당신은 어떤 표정을 짓고 있나요? 그것을 통해 무엇을 알 수 있나요?

4) 그림 속 당신은 무엇을 하고 있나요?

5) 요즘 당신은 어떤 생각들을 하고 있나요? 그 생각들을 하면 기분이 어떤가요? 그
생각을 하고 기분을 느끼면 주로 어떻게 행동하나요?

작업 2 　**요즘 나의 마음**

　이 작업은 당신이 표면적으로 알고 있는 생각들이기보다 내면의 더 깊은 생각들을 찾아보기 위한 것입니다. 의식하고 있었던 부분일 수 있지만 깊이 생각해 보지 못한 부분일 수도 있습니다.

1. 준비물: 색연필, 사인펜

2. 방법

　1) 상자 안에 있는 자극선을 활용하여 그림을 그려 보세요.

　2) 작업 후 그려진 내용에 대해 생각해 보세요.

3. 참고 사항

　1) 선을 활용하여야 합니다.

　2) 어떤 그림이든 괜찮습니다.

　3) 수채화 물감 등 원하는 재료를 사용하면 됩니다.

　4) 그림은 당신의 마음이 보낸 메시지입니다. 당신이 의식하지 못한 것을 알 수 있는 기회가 됩니다.

4. 활동: 다음 상자 안에 그려진 선을 활용하여 그림을 그려 보세요.

5. 다음 질문에 답해 보세요.

1) 그림에 나타난 주인공(그려진 사람, 사물, 동물, 식물 중에서 선택)을 중심으로 이야기를 만들어 보세요.

2) 이 이야기에서 당신에 대해 말하고 있는 부분이 있을까요? 그것은 무엇인가요?

3) 그림을 그리고 이야기를 써 보았습니다. 지금 어떤 생각이나 기분이 드나요?

 작업 3 ― 오래된 나의 믿음

이 작업은 평소 자주 느끼는 감정을 찾고, 그 감정을 통해 생각을 탐색하고 그 생각에 영향을 미치고 있는 신념을 발견하기 위한 것입니다.

1. 준비물: 색연필, 사인펜

2. 방법

1) 왼손으로 자기 신체의 윤곽선을 머리끝부터 발끝까지 그리세요. 몸의 테두리를 그리면 됩니다. 옷을 입고 있는 모습이 아니라 몸의 윤곽선을 그리는 것입니다. 손가락, 발가락까지 모두 그리세요.

2) 그다음 눈을 감고 자신의 몸을 머리끝부터 발끝까지 훑어보세요. 평소 신체의 어느 부위가 불편한가요? 어디에서 어떤 통증이 느껴졌나요? 그 신체 통증을 신체 부위에 표현해 보세요. 왼손을 사용해서 통증에 가장 가까운 색을 선택하고 통증을 그림으로 표현해 보세요. 모든 통증을 표현해 보세요.

3) 그 통증이 느껴질 때 신체에서 느껴지는 감각이 어떤 느낌인지 써 보세요. 예를 들면, 지끈지끈, 뻐근한, 찌릿 등으로 자신이 느끼는 신체감각을 써 보면 됩니다. 왼손으로 쓰세요.

4) 통증을 느낄 때 기분이 어떤가요? 신체감각 옆에 기분도 왼손으로 쓰세요. 생각이 아닙니다. 불안한, 두려운, 무서운, 화난, 짜증난, 우울한 등 감정 단어를 쓰는 것입니다(평소에 왼손을 주로 사용하더라도 왼손으로 쓰세요).

3. 참고 사항

1) 머리를 너무 크게 그리기 시작하면 하체가 짧아집니다.

2) 처음부터 끝까지 왼손으로 작업합니다(단, 몸의 윤곽선은 오른손으로 그려도 괜찮습니다).

3) 잘 그리는 것이 목적이 아닙니다. 할 수 있는 만큼 하면 됩니다.

4) 통증은 마음이 보내는 메시지입니다(Sarno, 1991). 몇 년 전 교통사고나 몇 달 전 넘어진 것 때문에 지금까지 아파하는 사람이 있는데, 이는 마음이 만들어 낸 통증일 수 있습니다. 실제로 고관절이 다친 사람도 6주면 회복된다고 합니다. 즉, 통증이란 쌓아 둔 마음의 힘듦을 말합니다. 또 우리가 정신적으로 힘들다고 하면 사람들이 불편해할 수 있다는 생각과, 당신을 어떻게 볼까 하는 마음에서 말하기를 꺼려 합니다. 그런데 몸이 아플 때는 상대적으로 잘 말합니다. 이는 우리 사회가 신체 통증의 표현은 허용하지만 정신적 고통의 표현은 무의식적으로 허용하지 않는 것이라고 할 수 있습니다.

예) 참고 그림

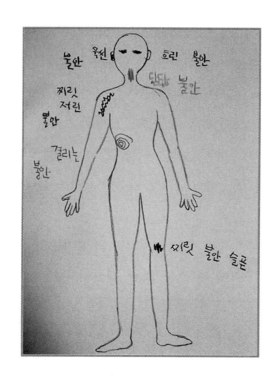

4. **활동**: 다음 상자 안에 당신의 신체 윤곽선을 그리고 통증을 표현한 후 그 감각을 써
보세요. 그 옆에 감각으로 인해 느껴지는 감정 단어를 써 보세요.

5. 다음 질문에 답해 보세요.

1) 그림에서 찾은 여러 가지 감정 중에서 자주 느끼는 감정은 무엇인가요? 그것을 선택해도 좋고 다른 한 가지 감정을 선택해도 됩니다.

2) 그 감정을 주로 느끼는 상황을 떠올려 보세요. 어떤 상황인가요?

3) 그 상황 속에서 어떤 생각을 하였나요? 이 생각을 통해 자신의 신념을 찾아볼 것입니다. 그 생각의 의미를 계속 물어 가다 보면 신념을 발견하게 될 것입니다. 다음의 하향식 화살표 기법(Bennett-Levy, Thwaites, Haarhoff, & Perry, 2015)을 통해서도 도달하지 못하였다면 계속 무슨 뜻인지 묻고 답해 보세요. 우리가 알고 있는 생각을 나뭇가지에 비유할 수 있다면 신념은 나무의 뿌리에 해당하는 것입니다. 생각보다 찾기 어려울 수 있습니다. 하지만 계속 물어 가다 보면 결국 그 의미를 발견하게 될 것입니다(부정적인 신념의 예로는 다음과 같은 것들이 있습니다. '나는 무가치해.' '난 실패자야.' '난 쓸모없어.' '난 중요하지 않아.' '세상은 위험해.' '삶은 불공평해.' '사람들은 믿을 수 없어.' '사람들은 나를 포기할 거야.').

그 상황 속에서 한 생각을 적어 보세요.

↓

그 생각이 사실이라면 그것은 무슨 뜻일까요?

↓

그 생각이 사실이라면 그것은 무슨 의미일까요?

↓

그 생각이 사실이라면 그것은 무슨 뜻일까요?

↓

그 생각이 사실이라면 그것은 당신이 어떻다는 뜻일까요?

4) 당신이 찾은 신념은 무엇인가요?

5) 지금 어떤 기분인지 적어 보세요.

시간이 된다면 이어서 작업 4를 하길 바랍니다.

 나의 감정

이 작업은 **작업 3**에서 신념을 찾은 후 느껴지는 감정을 표현해 보는 것이 목적입니다. 어쩌면 이미 알고 있는 것일 수도 있지만 **작업 3**을 통해 발견하게 되었다면 놀랍고 당황스럽고 힘이 빠질 수도 있습니다. 그대로 두지 말고 느껴지는 감정을 표현하여 감정을 쌓지 않는 것이 좋습니다.

1. 준비물: 자유 선택

2. 방법

  1) 신념을 찾은 후 어떤 감정이 느껴지나요?

  2) 느껴지는 감정을 그림으로 표현해 보세요.

3. 참고 사항

  1) 자유롭게 표현하면 됩니다.

  2) 잘 그리려고 할 필요가 없습니다.

  3) 어떻게 해야 할지 모르겠다면 왼손으로 표현해 보아도 좋습니다. 왼손으로 뻗어 있는 신경은 우뇌에서 옵니다. 연수에서 좌뇌와 우뇌 신경이 교차하여 오기 때문 입니다. 왼손으로 작업하면 우뇌를 자극하게 되고 부정적인 감정들을 훨씬 더 잘 인식하고 표현할 수 있게 됩니다. 그러니까 평소 왼손을 주로 사용하더라도 왼손 을 사용하면 됩니다.

4. **활동:** 다음 상자 안에 신념을 발견한 후 느껴지는 감정을 표현해 보세요.

5. 다음 질문에 답해 보세요.

1) 지금은 어떤 생각을 하고 있나요?

2) 작업 후 지금은 어떤 기분이 드나요?

✏️

감정 표현이 충분하지 않다고 생각된다면 도화지나 스케치북을 준비하여 감정을 충분히 표현하는 것이 더 좋을 것입니다. 마음을 열어 두었으니 이제 억압하지 말고 미술로 표현한다면 마음이 가벼워질 것입니다.

읽어 주세요!

　당신이 찾은 신념이 부정적인 것이어서 충격을 받았을지도 모르겠습니다. 매우 고통스러워 그만하고 싶은 마음이 들 수도 있고, 자신이 불쌍하게 여겨져서 눈물이 날 수도 있습니다. 당신이 찾은 신념이 당신 자신이라고 생각하지 말길 바랍니다. 자신이 갖고 있는 생각이니까 자신이 그런 사람이라고 생각하기 쉽습니다. 하지만 찾은 신념은 태어날 때부터 갖고 있던 것이 아닙니다. 삶의 어느 순간, 스트레스를 받던 상황들, 고통스러운 상황들 속에서 당신의 머릿속에 떠오른 생각들이 이후의 비슷한 경험들 속에서 굳어지게 되었을 뿐입니다.

　당신은 원래 그런 사람이 아닙니다. 당신은 자존감이 낮은 사람도 아니고 쓸모없는 사람도 아니고 나약한 사람도 아닙니다. 사람들을 못 믿고 세상을 무서워하며 불안해하는 사람도 아닙니다. 당신은 원래 다른 사람들을 사랑하고 도우며 또 세상에 도전할 수 있고, 자신감 있고 당신과 타인을 믿을 수 있는 사람입니다. 절대로 당신은 나약한 사람도 아니고 부정적인 사람도 아닙니다. 당신은 세상에 도전할 수 있는 힘을 갖고 자신감 있게 살아갈 수 있는 사람입니다.

　물론 이 신념을 가지고 있은 지 아주 오래되었을 수도 있습니다. 어떤 사람은 초등학교에 다니기 이전부터 가지고 있었거나, 어떤 사람은 트라우마를 겪은 후에 가지게 되었을 수도 있습니다. 아주 최근에 생겼을 수도 있습니다. 부모의 양육태도나 당신을 따돌린 사람 등 당신이 겪은 그때 그 일 때문이라는 생각이 들 수도 있습니다. 하지만 환경이나 타인이 끼치는 영향보다 그때-거기에서 자신이 어떤 생각을 하고 어떤 감정을 느꼈느냐가 삶에 더 큰 영향을 미칩니다. 이러한 생각과 감정은 인생의 책갈피와 같습니다. 이후의 삶에서 갑자기 그 장이 펼쳐지고 지금-여기에 영향을 미치게 됩니다. 하지만 제2차 세계대전 당시 3년 동안 강제수용소에 갇혀 있던 빅터 프랭클(Vikkor Frankl)이 시련 속에도 무엇인가 성취할 수 있는 기회가 숨어 있다는 것을 깨달은 것처럼 어떻게 생각하느냐는 우리의 선택에 달려 있습니다.

　부정적인 신념은 원치 않은 상황 속에서 자신의 머릿속을 지나간 생각이 반복되고 굳어져서 생긴 것입니다. 그 생각을 붙잡지 않았다면, 또는 그 생각을 바꿀 수 있었다면 자신에게 영향을 미치는 신념이 되지 못했을 것입니다. 당신은 머릿속을 지나가던 그 생각을 붙잡았고 그러한 생각은 사실인 것처럼 당신 옆에 살아 숨 쉬게 된 것일 뿐입니다. 다시 한번 말하지만 당신은 원래 그런 사람이 아닙니다. 당신은 당신과 타인을 사랑하고, 삶을 도전적으로 바라보고, 당당하게 살아갈 수 있는 사람입니다.

모듈 2 해결하고 싶은 문제가 무엇일까요

이 모듈은 신념을 바탕으로 문제를 좀 더 구체적으로 파악하기 위한 과정입니다. 지피지기면 백전백승이라 했듯이 문제를 좀 더 자세히 파악하여 어떠한 상황에서 문제에 빠지게 되고, 부정적인 생각을 하여 그에 따른 부정적인 감정을 느끼고 행동하게 되는지 알아차리고자 하는 것입니다. 그 과정에서 어떤 패턴이 있는지도 발견할 수 있습니다.

이 모듈도 네 개의 작업으로 구성되어 있습니다. **작업 5**는 이 워크북을 통해 얻고자 하는 목표를 설정하는 것입니다. 분명한 목표가 있어야 방향을 잡고 나아갈 수 있으며 목표를 이룰 수 있기 때문입니다. 이루어지지 않은 것은 당신이 원하지 않았기 때문입니다. 그렇기 때문에 이 작업을 통해 원하는 목표를 분명하게 할 것입니다. **작업 6**은 **모듈 1**의 **작업 3**에서 찾은 신념이 나타나는 문제 상황을 구체적으로 찾아서 표현하는 것입니다. 그 상황 속에서 어떤 생각을 하고 어떤 감정을 느끼며, 그 생각과 감정에 따라 어떻게 행동하는지 탐색하기 위한 것입니다. **작업 7**은 그 신념을 어떤 방식으로 유지하고 있는지 신념과 관련된 전략을 찾는 과정입니다. 전략이란 신념이 드러나거나 숨겨져 있는 방법입니다. 우리가 신념을 유지하는 전략으로는 굴복자, 과잉보상, 회피 전략이 있습니다(Rafaeli, Bernstein, & Young, 2011). 굴복자 전략은 신념 그대로 드러나게 사는 것입니다. 예를 들어, '나는 필요 없는 사람이야.'라는 신념을 가지고 있다면 어느 누구에게도 도움이 되지 않는 행동을 하며, 타인들이 "저 쓸모없는 인간!"이라는 말을 하게 하는 행동을 합니다. 과잉보상 전략을 사용하는 사람은 '나는 아무짝에도 쓸모없는 사람이야.'라는 신념을 가지고 있어도 겉으로 보기에는 너무 열심히 살고 있어서 타인들로부터 "당신은 정말 필요한 사람이에요."라는 말을 들으며, 누구에게나 도움이 되는 사람의 모습으로 살아갑니다. 속으로는 자신을 그렇게 생각하고 있지만 그와 반대의 모습으로 살아가는 것이 과잉보상 전략을 사용하는 사람의 모습입니다. 회피 전략을 사용하면 굴복자 전략과 비슷한 모습으로 보이기는 하지만 자신의 신념이 드러날 수 있는 상황들을 회피하면서 지냅니다. 그러니 회피 전략을 사용하면 사람들과 어울리지 않고, 자격증 시험을 보러 가지도 않을 것입니다. 즉, 굴복자 전략을 사용하면 자격증 시험을 보러 가서 실패하는 행동을 보여 주는 반면에, 회피 전략을 사용하면 자격증 시험을 보러 가지도, 시험공부를 하지도 않는다는 것입니다. 과잉보상 전략을 쓴다면 시험공부를 아주 열심히 해서 합격을 넘어 1등을 할지도 모릅니다. **작업 8**은 문제를 외재화하는 작업입니다. 많은 사람이 문제가 우리 안에 내재해 있다고 생각하고 '내가 곧 문제야.'라고 생각합니다. 이 작업은 문제를 외재화하여 사람과 문제를 분리하는 작업입니다. 문제를 겪고 있다고 해서 우리가 문제 있는 쓸모없는 사람이라는 뜻은 아닙니다. 많은 사람이 문제가 있으면 자신을 형편없는 사람으로 생각하는 경향이 있는데 삶이란 문제를 겪으며 살아가는 것입니다. 하지만 문제가 나타났다는 것은 지금까지의 문제해결방식이나 사고방식으로 문제를 해결할 수 없다는 뜻입니다. 현재 가지고 있는 문제해결방식이나 사고방식으로 문제를 해결할 수 있다면 문제가 안 될 것입니다. 즉, 문제가 나타났다는 것은 평소와 다르게 생각해야 한다는 뜻입니다. 다른 방식으로 살아야 한다는 뜻일 뿐입니다(정은주, 2020).

문제는 우리를 성장시킵니다. 문제가 없다면 우리는 항상 똑같은 방식으로 살아갈 것입니다. 그러니 문제가 나타났다면 반갑게 맞이하는 것이 어떨까요? 우리에게 성장할 기회가 왔다는 뜻이니까요. 물론 가벼운 일은 아닐 수도 있습니다. 때로는 꽤 오랫동안 지속되는 문제로 인해 고통스러운 상황에 놓여 있을 수도 있습니다. 하지만 이 과정을 통해 다르게 생각하게 되고 그 상황은 여전하지만 다른 관점에서 보다 균형 잡힌 사고로 세상을 바라볼 수 있게 될 것입니다. 제가 만났던 많은 분에게 다음과 같이 물어보았습니다. "똑같이 성장 없이 사는 게 좋은가요? 아니면 문제를 통해 성장하고 싶은가요?" 이 질문에 모두가 성장하고 싶다고 대답했습니다. 어려운 문제가 있어야 우리는 성장합니다. 쉬운 문제라는 것은 기존의 방식으로 해결할 수 있다는 것이고 그것은 양적인 변화이지 질적 변화를 주는 것은 아닙니다.

자, 이제 도전할 준비가 되었을까요?

작업 5 ─ **나의 목표를 향해**

이 작업은 **작업 3**에서 찾은 신념과 관련하여 자신의 목표를 설정하는 것입니다. 목표를 설정하여 방향을 잃어버리지 않고 목표를 향해 나아가기 위함입니다. 때로 인생이라는 항해 도중에 태풍이 몰아치고 천둥, 번개가 당신을 놀라게 할 수도 있습니다. 하지만 당신은 목적지를 향해 가야 한다는 것을 잊지 마세요.

1. 준비물: 자유 선택

2. 방법
　1) 이 과정이 끝났을 때 당신은 어떤 모습이고 싶은가요?
　2) 당신이 바라는 자신의 모습을 그려 보세요.

3. 참고 사항
　1) 구체적으로 그려도 되고 은유적이거나 추상적으로 그려도 됩니다.
　2) 꼭 사람의 모습이 아니어도 됩니다.
　3) 당신이 찾은 신념과 관련된 목표여야 합니다.

4. 활동: 다음 상자 안에 당신이 바라는 모습을 표현해 보세요.

5. 다음 질문에 답해 보세요.

1) 당신이 바라는 것은 무엇인가요? 구체적으로 써 보세요.

2) 지금 어떤 생각이 드나요?

3) 어떤 기분이 드나요?

당신은 이 목표에 도달할 수 있습니다. 목표를 이루기 위해 우리 함께 노력해 봅시다. 파이팅!

이 작업은 문제가 나타나는 구체적인 상황에 대해 파악해 보고자 합니다. 문제가 항상 모든 상황에서 나타나는 것은 아닙니다. 어떤 상황에서 자주 불편한 생각과 감정이 올라오는지 구체적으로 찾아봅시다.

1. 준비물: 자유 선택

2. 방법

　1) 당신에게 부정적인 감정이 느껴지고 문제가 된다고 느껴지는 행동이 나타나는 구체적인 상황을 떠올려 보세요.

　2) 어떤 상황인가요? 여러 상황이라면 좀 더 불편한 상황을 선택해 보세요.

　3) 그 상황을 그림으로 그려 보세요.

3. 참고 사항

　1) 구체적으로 그려도 되고, 추상적으로 그려도 됩니다.

　2) 그 상황 속에서 당신이 어떤 생각을 하고 어떤 감정을 느끼고 어떻게 행동하였는지, 관련된 타인은 어떤 말을 하고 어떤 표정을 짓고 어떻게 행동하였는지 떠올려 보세요.

　3) 만약 잘 떠오르지 않는다면 그 장면을 눈을 감고 상상해 보세요.

　4) 당신이 찾은 신념과 관련된 문제 상황입니다.

4. 활동: 다음 상자 안에 당신의 문제 상황을 표현해 보세요.

5. 다음 질문에 답해 보세요.

1) 그 상황에서 어떤 생각을 하였나요? 여러 가지 생각이 있었다면 모두 적어 보세요.

2) 그 생각을 하니 기분이 어떠하였나요(어떤 감정이 느껴졌나요)?

3) 그 생각이나 감정은 어떤 행동으로 이어졌나요?

4) 몸의 반응은 어떠하였나요?

5) 그 상황에서 당신의 생각과 감정에 대해 수용적인 태도로 공감의 표현을 해 보세요.

작업 7 **신념이 유지되는 이유**

이 작업은 **작업 3**에서 찾은 신념을 바탕으로 그 신념을 유지하기 위해 어떤 전략(방법)을 사용하고 있는지 찾아보고자 하는 것입니다. 전략이 신념을 유지할 뿐만 아니라 문제를 계속 낳고 있는 행동의 원인이 될 수 있습니다.

1. 준비물: 자유 선택

2. 방법

1) 먼저 **작업 3**에서 찾은 당신의 신념을 신념 칸에 씁니다.

2) 전략 칸에는 세 가지 전략 중 문제 상황에서 어떤 전략을 사용하는지 찾아 씁니다.

3) 행동 칸에는 그 전략을 사용하여 구체적으로 어떻게 행동하는지 씁니다.

4) 결과 칸에는 그렇게 행동함으로써 나타나는 결과를 씁니다.

5) 유지 사이클을 보고 느껴지는 감정을 표현해 보세요.

3. 참고 사항

1) 세 가지 전략

① 굴복자 전략: 만약 '나는 무능력해.'라는 신념을 가지고 있다면 굴복자 전략을 써서 무능력한 모습을 사람들에게 보이는 것입니다. 주변 사람들이 무능력하다는 것을 알 수 있을 정도로 노력하지 않고 실패하는 모습을 보여 줍니다.

② 과잉보상 전략: 똑같이 '나는 무능력해.'라는 신념을 가지고 있지만 과잉보상 전략

을 사용하는 사람은 주변 사람들에게 아주 능력 있는 사람으로 비춰집니다. 신념을 보상하기 위해, 드러나지 않도록 하기 위해 신념과는 반대로 행동합니다.

③ 회피 전략: '나는 무능력해.'라는 신념을 가지고 있는데, 회피 전략을 사용하면 정말 무능한지 유능한지 알아볼 수 없습니다. 능력을 발휘해야 하는 상황에서 나타나지 않고 피합니다. 결과적으로는 굴복자 전략과 비슷한 상황이 됩니다.

※ 같은 신념이지만 각기 다른 전략을 가진 학생 3명이 시험을 봐야 하는 상황에 놓였다고 상상하면 학생 A(굴복자 전략)는 시험을 치고 꼴찌를 해서 무능력함을 보여 줍니다. 학생 B (과잉보상 전략)는 열심히 공부하여 1등을 해서 누구도 자신이 무능력하다는 신념을 갖고 있다는 것을 눈치채지 못할 것입니다. 학생 C(회피 전략)는 시험 당일 이유를 대고(예: 복통) 시험을 치러 가지 않습니다.

2) 문제 상황마다 다른 전략을 쓸 수도 있습니다. 당신이 선택한 문제 상황과 관련하여 주로 사용하는 전략을 찾으면 됩니다.

4. 유지 사이클

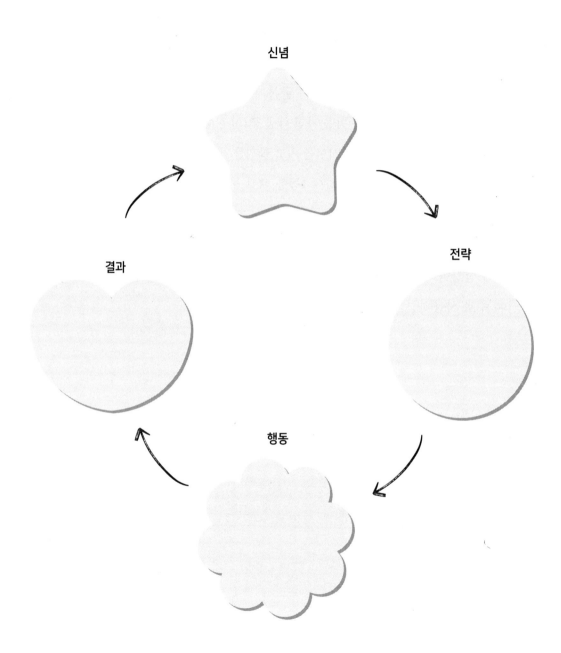

5. 활동: 다음 상자 안에 유지 사이클 작업 후 느껴지는 생각이나 감정을 표현해 보세요.

6. 다음 질문에 답해 보세요.

1) 유지 사이클 작업 후 느껴지는 감정은 무엇인가요?

2) 어떤 생각이 떠오르나요?

작업 8 ── 내가 문제는 아니야

이 작업은 문제와 당신을 분리하기 위한 과정(외재화)입니다. 문제가 생겼을 때 대부분의 사람은 자신을 '문제 있는 나'로 생각합니다. 그래서 '문제=나'(내재화)인 것처럼 생각합니다. 당신이 문제는 아닙니다. 삶을 살아가다 보면 해결해야 할 문제가 생길 뿐입니다.

1. 준비물: 자유 선택

2. 방법

  1) 당신의 문제는 어떤 모양으로 생겼을까요? 크기와 색깔, 무게는 어떨까요?

  2) 문제의 모습을 그려 봅시다.

  3) 당신의 문제와 어울리게 문제에 이름을 붙여 봅시다(예: 공황이, 청결이).

3. 참고 사항

  1) 문제에 이름을 붙일 때 주의할 점이 있습니다. 문제는 당신이 아닙니다. 당신에게 별명을 붙이듯 붙이는 것이 아닙니다. 문제에 이름을 붙이는 것입니다.

  2) 이 작업은 문제와 당신을 분리시키는 것입니다.

  3) 함께 잘 지내기 위한 것이 아닙니다. 문제는 친구가 아닙니다.

  4) 작업 후 문제가 귀엽다거나 불쌍하다고 느껴진다면 그 생각을 내려놓습니다. 그렇지 않으면 문제는 해결되지 않습니다.

4. 활동: 다음 상자 안에 문제의 모습을 표현해 보세요.

5. 다음 질문에 답해 보세요.

1) 문제의 이름은 무엇입니까?

~~~~~~

~~~~~~

2) _____(문제의 이름)이/가 당신의 삶을 어떻게 만들고 있나요? 당신의 삶에 어떤 영향을 미치고 있나요?

~~~~~~

~~~~~~

~~~~~~

~~~~~~

3) _____(문제의 이름)이/가 이런 행동을 해도 괜찮은가요?

~~~~~~

~~~~~~

~~~~~~

~~~~~~

4) _____(문제의 이름)을/를 어떻게 하고 싶은가요?

~~~~~~

~~~~~~

~~~~~~

~~~~~~

~~~~~~

~~~~~~

한 주 동안 일상에서 _____(문제의 이름)이/가 나타나서 당신에게 속삭일 때 잘 알아차리고 더 이상 문제가 하는 말을 귀담아듣지 않도록 노력하기 바랍니다.

꼭 읽어 주세요!

모듈 2에서는 이 워크북을 통해 얻고자 하는 목표를 정하고, 문제가 구체적으로 나타나는 상황과 문제를 유지시키고 있는 전략(방법)을 확인해 보고 문제를 당신과 분리시켰습니다(외재화).

문제가 있으니 '내가 문제야.'라고 생각하는 관습은 17세기부터 시작되었습니다. 그때의 정치가들이 그들의 이익, 편리를 위해 사람들을 건강한 사람과 건강하지 않은 사람(질병, 심리적 장애, 신체적 장애를 가진 사람)으로 분리하기 시작했습니다. 건강하지 않은 사람들에게 자신이 내면에 문제가 있는 것처럼 생각하게 만들어 버린 것입니다. 하지만 삶을 살아가다 보면 누구에게나 문제가 생길 때도 있고 없을 때도 있습니다. 또 문제는 항상 모든 상황에서 나타나는 것이 아닙니다. 스트레스가 많을 때, 특정 상황에서 나타납니다. 그러니까 당신이 문제는 아닌 것이죠. 당신이 문제라면 항상 변함이 없어야겠지요? 자신을 버스 운전사에 비유하면 문제는 버스 승객에 비유할 수 있습니다. 버스 운전사는 버스에 타고 계속 운전을 합니다. 버스 승객은 항상 같지 않습니다. 어떤 승객은 오래 타고 있을 때도 있지만 그래도 내립니다. 이처럼 당신은 문제가 아닙니다. 문제는 문제이고 당신은 당신입니다. 문제는 나타났다 사라지는 하나의 현상(부적응적인 생각이나 행동, 불편한 감정이나 신체반응)일 뿐입니다.

이제부터 _____(문제의 이름)이/가 나타나 당신에게 뭐라고 속삭이는지 알아차려야 합니다. 영화나 드라마에서 보면 천사와 악마가 나타나 양쪽에서 속삭입니다. 누가 이길까요? 많은 사람들은 악마가 이긴다고 말합니다. 정답은 당신이 이야기를 잘 들어주는 쪽이 이깁니다. 천사든 악마든 당신이 잘 들어주니까 떠나지 않고 당신 옆에 붙어 있는 것입니다. 천사가 이기도록 할지, 악마가 이기도록 할지는 이제 당신의 선택에 달려 있습니다. _____(문제의 이름)을/를 어떻게 하겠습니까?

모듈 3 이제 문제를 해결해 볼까요

모듈 2에서 문제를 외재화해 보면서 지난 한 주 동안 _____(문제의 이름)이/가 나타나 속삭이는 것을 잘 알아차리기 위해 노력하였을 것입니다. 이제 **모듈 3**에서는 본격적으로 _____(문제의 이름)을/를 해결해 봅시다.

문제는 당신이 태어난 이후 삶의 어느 순간, 즉 스트레스 상황이 될 때 다가와 당신에게 속삭이기 시작했습니다. 당신도 모르게 그 목소리를 들으며 그 말이 사실인 것처럼 받아들이고 그것의 말을 따랐습니다. 이제 당신을 위해 당신이 해야 하는 것은 그 목소리를 듣지 않고 지금-여기에서 적절히 균형 잡힌 당신 자신의 진정한 목소리를 듣는 것입니다. 물론 그동안 연습해 오지 않았기 때문에 찾는 것이 쉽지 않을 수 있습니다. 또 많은 것은 타인들이, 세상이 한 말들입니다. 그래서 지금-여기에서 균형 잡힌 당신의 목소리를 듣는 훈련을 해야 합니다. 당신의 마음에 귀를 기울이면 분명히 들을 수 있습니다.

모듈 3은 문제에 대처하기 위한 네 개의 작업으로 구성되어 있습니다. **작업 9**는 **작업 8**에서 그린 문제가 당신에게 영향을 미치지 못할 정도로 축소하는 작업입니다. **작업 10**은 문제를 당신으로부터 떼어 놓는 데 방해가 되는 점이 무엇인지를 찾아보는 것입니다. 그동안 문제가 시키는 대로 하다 보니 과잉보상 전략을 통한 사회적인 성취가 많아서 문제가 자신을 발전시켰기 때문에 멀리 떨어뜨릴 수 없다고 생각하는 경우도 있습니다. 문제 때문에 성취한 것이 아닙니다. 당신에게 능력이 있기 때문에 성취가 가능했던 것입니다. 무엇이 방해가 되는지 알아야 더 쉽게 벗어날 수 있습니다. **작업 11**은 문제를 변형시켜 당신에게 영향을 미치지 못하도록 하는 작업입니다. **작업 12**는 이 문제가 나타났을 때 어떤 이미지로 대처할 것인지를 찾는 것입니다. 문제를 '물'이라 이름 붙인 사람은 대처 방법으로 '바가지'를 표현했습니다. 물이 나타나면 바가지로 퍼서 멀리 던져 버리겠다고 했습니다. 문제를 '스피커'로 표현한 사람은 문제를 처리하기 위해 귀마개를 그렸습니다. 스피커가 나타나면 귀마개로 자신의 귀를 막겠다고 했습니다.

_____(문제의 이름)이/가 나타나도 우리가 알아차린다면 다양한 방법을 써서 해결할 수 있습니다. 미술 작업으로 끝이 나는 것은 아닙니다. 일상에서 알아차려야 합니다. 마음이 약해지고 스트레스를 받는 상황이 되면 어김없이 _____(문제의 이름)이/가 또 나타나 속삭일 것입니다. 그때 빨리 알아차리고 문제로부터 거리를 두는 이미지 작업 등을 해야 합니다. 노력해야 합니다. 정말 알아차려야 당신이 알고 있는 방법을 쓸 수 있습니다.

그럼 **작업 9**부터 시작해 볼까요? 일주일에 한 가지씩 작업하면 됩니다.

작업 9 ─ 문제야 작아져라

이 작업은 **작업 8**에서 했던 작업을 1/10 크기로 축소시키는 것입니다. _____ (문제의 이름)을/를 작게 그려서 당신에게 영향을 미치지 못하게 만드는 것입니다.

1. 준비물: **작업 8**에서 사용한 재료와 동일한 재료

2. 방법

　1) 눈을 감고 **작업 8**에서 했던 문제의 모습을 떠올려 보세요.

　2) 카메라로 문제를 비춰 보세요. 그리고 줌 인 앤 아웃(zoom in and out)을 하며 크기를 조절해 보세요.

　3) 카메라로 문제의 모습을 1/10 크기로 줄여서 보고 그것을 그려 보세요.

3. 참고 사항

　1) 색깔이나 모양은 **작업 8**에서 그린 문제의 모습과 똑같이 그려야 합니다. 크기만 작게 그리는 것입니다.

　2) 1/10은 $10 \times 10cm^2$가 $1 \times 1cm^2$ 크기가 되는 것입니다. 생각보다 작습니다.

　3) 만약 **작업 8**에서 만들기를 했다면 **작업 9**에서도 만들어야 합니다.

　4) 문제를 작게 만들고 나서 한편으로 이렇게 별 볼 일 없는 작은 일인데 그동안 문제에 끌려다녔다는 것을 인식하게 되기도 하지만, 갑자기 방향을 잃어서 어디로 가야 할지 모르겠다고 말하는 경우도 있었습니다. 쳇바퀴를 돌던 고슴도치가 쳇바퀴에서 내려와 어디로 갈지 모르는 상태와 유사합니다. 하지만 다르게 보면 어디

든 갈 수 있는 가능성이 열린 것입니다. 그러니 잠시의 혼란일 뿐입니다.

4. **활동**: 다음 상자 안에 문제를 1/10 크기로 표현해 보세요.

5. 다음 질문에 답해 보세요.

1) 작아진 _____(문제의 이름)을/를 보니 어떤 생각이 드나요?

2) 어떤 기분이 느껴지나요?

작업 10 **방해하는 것들**

이 작업은 문제를 해결하는 데 방해가 되는 것에 어떤 것이 있는지 탐색해 보고 표현해 보기 위한 것입니다. 이 작업을 통해 무엇 때문에 이 문제를 계속 유지하고 있었는지 알 수도 있습니다.

1. 준비물: 자유 선택

2. 방법

1) 문제로부터 벗어나는 데 방해가 되는 것은 무엇일까요? 생각해 보세요.

2) 방해가 되는 것에 대해 표현해 보세요.

3. 참고 사항

1) 무엇 때문에 이 문제가 당신 옆에 계속 붙어 있게 되었을까요? 그것에 대해 생각해 보는 것입니다.

2) _____(문제의 이름)의 말을 들어서 당신은 어떤 이득이 있었다고 생각하나요? 사회적으로 얻고 있는 이점이 있었나요? 그것은 무엇일까요?

3) 여러 가지라면 그것들을 모두 표현해 보세요.

4. **활동**: 다음 상자 안에 문제로부터 벗어나는 데 방해가 되는 것들을 표현해 보세요.

5. 다음 질문에 답해 보세요.

1) 방해가 되는 것들은 무엇인가요?

\
\
\
\
\

2) 이것들 때문에 이 문제에 얽매어 있었다는 생각이 드나요, 아니면 여전히 이 문제 덕분에 지금까지 열심히 살았다고 생각하나요? 사람들이 착하고 친절하다고 말하거나, 항상 열심히 한다고 말하기도 하고 잘한다고 말하는 것에 집착하고 있지는 않은가요? 1등을 해야 한다는 생각에 사로잡혀 있지는 않나요? 자신이나 가족을 희생해 가면서 타인의 일을 돕고, 남과 비교하며 당신 자신을 채찍질하고 있지 않았나요? 또는 타인에게 하고 싶은 말을 참아 가며 타인의 말을 들어 주고 있지는 않았나요? 정말 당신이 원하는 것이 이것일까요?

\
\
\
\
\

작업 11 — **나를 찾아가는 길**

문제를 분명하게 알아차리고 문제의 영향을 줄여야 당신을 볼 수 있습니다. 문제에 초점이 맞춰져 있으면 당신을 볼 수 없기 때문입니다. 문제의 힘을 확실히 빼 봅시다.

1. 준비물: 자유 선택

2. 방법

1) _____(문제의 이름)이/가 어떻게 되면 당신에게 영향을 미치지 못할까요?

2) **작업 8**에서 외재화시킨 문제를 변형시켜서 표현해 보세요.

3. 참고 사항

1) 문제의 형태를 변형시켜서 더 이상 당신에게 힘을 발휘하지 못하게 만들어 보세요.

2) 예를 들면, 흐릿하게 그리거나 뿔이나 날카로운 발톱을 없애 버린다든지 그 자체를 변형시키는 것입니다. 묶어 둔다든지 마스크를 씌우는 등 어떤 도구를 사용하는 것은 아닙니다.

4. 활동: 다음 상자 안에 문제를 변형시켜 표현해 보세요.

5. 다음 질문에 답해 보세요.

1) 변형시켜 보니 어떤 생각이 드나요?

2) 어떤 기분이 드나요?

작업 12 ― 나를 찾아가는 길 2

이 작업은 문제에 좀 더 적극적으로 대처해 보기 위한 것입니다. 문제가 나타났을 때 당신만의 아이템을 써서 문제를 물리쳐 봅시다.

1. 준비물: 자유 선택

2. 방법

   1) 어떤 아이템을 쓰면 당신으로부터 문제를 멀리 쫓아 버릴 수 있을까요?

   2) 그 아이템을 표현해 보세요.

3. 참고 사항

   1) _____(문제의 이름)은/는 당신이 약해지거나 스트레스를 받고 있는 상황이면 또 나타나서 당신에게 속삭일 수 있습니다. 그때 이 아이템을 써서 당신에게 영향을 미치치 못하게 하는 것입니다.

   2) 마스크를 씌워서 당신에게 속삭이지 못하게 할 수도 있고, 나무와 밧줄을 이용해서 나무에 매달아 둘 수도 있습니다. 청소기로 빨아들여 버릴 수도 있습니다. 문제의 모습에 따라 어떤 아이템을 쓰면 좋을지 생각해 보세요.

   3) 외재화시킨 처음의 문제 모습에 대해 쓸 수 있는 아이템을 만드는 것입니다.

4. 활동: 다음 상자 안에 문제를 쫓아 버리기 위한 아이템(도구)을 표현해 보세요.

5. 다음 질문에 답해 보세요.

1) 아이템을 만들고 나니 어떤 생각이 드나요?

~~~~~~

~~~~~~

~~~~~~

~~~~~~

2) 오늘부터 타인에게 보이지 않지만 당신만의 아이템을 장착하고 다니게 됩니다. 전혀 무겁지도 않고 불편하지도 않습니다. 문제가 나타나면 이 아이템을 사용하여 _____(문제의 이름)이/가 당신에게 영향을 미치지 못하도록 할 수 있습니다. 어떤 기분이 드나요?

~~~~~~

~~~~~~

~~~~~~

~~~~~~

이 아이템을 명함 크기의 카드에 그려서 들고 다닌다면 _____(문제의 이름)이/가 나타났을 때 쉽게 떠올릴 수 있습니다.

읽어 주세요!

　모듈 3에서는 모듈 2에서 외재화한 문제에 대해 적극적으로 대처하기 위한 작업을 하였습니다. 그동안 당신 옆에 문제가 나타나 계속 속삭이고, 당신은 문제가 속삭이는 것을 사실로 받아들이다 보니 괴롭고 힘들었을 것입니다. 하지만 당신은 이제 문제가 어떻게 생겼는지 알았고 그것이 나타날 때 여러 방법을 통해 그것을 통제할 수 있습니다. 당신 마음대로 크기를 조절하여 약하게 만들어도 되고, 변형을 시켜서 더 이상 당신에게 영향을 미치지 못하도록 할 수 있습니다. 또 아이템을 써서 저 멀리 보내 버리거나 더 이상 당신에게 속삭이지 못하게 할 수 있습니다. _____(문제의 이름)의 말을 들어 주지 않아야 당신으로부터 멀어집니다.

　때로는 문제의 존재감을 이렇게 줄이고 나니 자신이 어디로 가야할지 몰라서 더 두렵고 무망감을 느끼는 경우도 있을 것입니다. 겪을 수 있는 일입니다. 너무나 오랫동안 그렇게 문제에 끌려다니며 살았는데 이제 혼자서 나아가야 하는 것을 알아차리게 되면서 느낄 수 있는 불안, 공허감, 무망감 등 복잡한 심정이 될 수 있습니다. 하지만 이것은 당신이 어떤 선택이든 할 수 있다는 가능성이 열리는 일입니다. 고슴도치가 쳇바퀴에서 내려와 방향을 잃은 듯한 느낌과 비슷합니다. 하지만 이제 어디든 갈 수 있다는 뜻이기도 합니다. 모든 가능성이 열렸습니다. 당신의 선택에 따라 결정될 것입니다.

　이 작업들의 중요한 목적은 당신을 찾아가기 위한 것입니다. 문제의 목소리를 줄여야 당신을 바라보고 당신의 목소리를 들을 수 있습니다. 문제는 당신이 지금보다 어릴 때, 당신이 약해졌을 때 나타나서 남들의 생각을 말하거나 편견적인 말들을 늘어놓으며 그것이 사실인 것처럼 반복했습니다. 그것은 절대로 사실이 아닙니다. 당신도 그때의 당신이 아닙니다. 환경도 그때의 환경이 아닙니다. 원래부터 문제가 있는 사람은 없습니다. 설령 이 문제가 아주 어릴 때부터 당신 옆에 있었다고 해도 당신이 원래 그런 것은 절대로 아닙니다!

　문제가 말하는 대로 늘 하던 방식으로 생각하고 느끼고 행동하기 쉽습니다. 알아차리지 못하면 계속 그렇게 할 수 있습니다. 그래서 알아차리는 것은 아주 중요합니다. 문제를 알아차림에 있어서 많은 분이 문제가 나타날 때 몸에서 느껴진다고 합니다. 뭔가 어색하고 불편한 느낌이 든다고 합니다. 이는 정상적인 반응입니다. 우리의 뇌는 자극에 대해 회피할지 접근할지 결정합니다. 이는 자동적으로 일어납니다. 자동적인 반응은 의식보다 몸에서 느껴질 수 있는 것입니다.

또 문제의 어떤 측면은 당신에게 도움이 되었다고 생각할 수 있습니다. 문제가 속삭이지요. "네 몸을 신경 쓸 때가 아니야. 이 일이 얼마나 중요한지 알잖아? 밤을 새워서라도 일을 해." 그러다 보니 어떤 측면이 계발된 것처럼 보입니다. 그것은 원래 당신이 가진 능력입니다. 문제가 없어도 발휘할 수 있는 당신의 능력입니다. 문제와 연결 짓지 않아야 합니다. 문제는 당신에게 도움이 되는 것이 아닙니다. 도움이 되지 않는 것을 알아차리고 멈추게 한 다음, 지금-여기에서 균형 잡힌 생각을 찾으면 됩니다.

잠깐만! 균형 잡힌 생각을 찾아봅시다

지금-여기에 맞는 균형 잡힌 생각을 찾기 위해서 먼저 어떤 생각을 하고 있는지 찾아야 합니다. 부정적인 감정이 느껴지는 상황 속에서 어떤 생각을 했는지 찾고, 그 생각에 대한 지지 증거와 반대 증거 찾기를 합니다. 그다음 이 증거들을 바탕으로 그 상황에 적절한 균형 잡힌 생각을 도출해 냅니다.

예시

예를 들어, 친구에게 영어 공부를 도와주고 있는 학생이 있었습니다. 친구가 고마워서 시골에서 보내온 과일을 전해 주겠다고 다음날 7시에 만나자고 약속했습니다. 그런데 갑자기 전화가 와서 시간을 앞당기자고 합니다. 알바 때문에 안 된다고 말하기는 했지만 화가 났습니다. 화의 강도(세기)는 10점 만점에 8점이고 그때 어떤 생각을 했는지 물으니 '내 스케줄은 신경 쓰지 않고 자기 마음대로 약속 시간을 바꾸려고 하는 것은 나를 무시하는 거야.'라는 생각이 들었다고 했습니다. 여기서부터 시작합니다.

1. 그럼 내 생각이 맞다는 증거(지지 증거)는 어떤 것이 있을까요? 혹은 내 생각이 틀렸다는 증거(반대 증거)는 어떤 것이 있을까요?

지지 증거	반대 증거
• 내 시간을 물어보지도 않고 약속 시간을 바꾸려고 했다.	• 시간을 바꿀 수 있는지 그냥 물었을 뿐이다.
• 이전에도 시간을 자주 변경했다.	• 영어 공부할 때 열심히 하고 고마워하였다.
• 가끔 자기 말만 한다.	• 과일을 조금이라도 빨리 전해 주고 싶어서 그런 것이다.

2. 지지 증거와 반대 증거를 보고 이것을 바탕으로 지금-여기에서 할 수 있는 균형 잡힌 생각은 어떤 것일까요?
<u>친구는 내 스케줄을 묻지도 않고 시간을 바꾸려고 했지만, 영어 공부를 가르쳐 주니 고마운 마음에 과일을 빨리 전해 주고 싶어서 물었을 뿐이다.</u>

3. 이렇게 생각하니 처음의 화의 강도는 몇 점이 되었나요?
<u>화의 강도(3점)</u>

이와 같이 부정적인 생각이 들었을 때 증거 찾기를 해서 균형 잡힌 사고를 할 수 있도록 수시로 훈련을 해야 합니다.

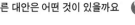

모듈 4   다른 대안은 어떤 것이 있을까요

모듈 3에서는 문제가 나타났을 때 직접적으로 처리할 수 있는 방법들을 찾아보았습니다. 모듈 4에서는 당신이 가진 자원들을 찾고 그것을 활용하여 문제에 대처하고 당신 자신을 다르게 볼 수 있는 기억들을 찾아보도록 하겠습니다.

모듈 4는 네 개의 작업과 보충 작업 한 개로 구성되어 있습니다. 작업 13은 문제가 나타나지 않고 상황 속에서 잘 대처했었던 기억을 찾아보는 것입니다. 아주 어릴 때 기억이어도 좋습니다. 여러 상황을 살펴보면 됩니다. 문제가 주로 집에서 나타난다면 학교나 직장에서의 당신을 살펴볼 수 있고, 문제가 친구관계에서 주로 나타난다면 다른 관계를 살펴보며 찾을 수 있을 것입니다. 작업 14로 넘어가기 전에 보충 작업인 자신의 장점 50가지를 찾아 써 보세요. 원한다면 가족이나 친구 등 주변 사람들에게 물어서 써넣어도 됩니다. 작업 14는 문제에 대해 당신이 가진 자원이나 장점을 활용해 보는 것입니다. 반복해서 말하지만 문제는 다시 나타날 수 있습니다. 완전히 사라져서 안 나타나는 것이 아니라 당신이 스트레스 상황에 빠지면 또 나타납니다. 그러니 다시 나타났을 때 자신의 장점과 자원을 활용하여 당신에게 영향을 미치지 못하도록 합니다. 작업 15는 새로운 규칙이나 태도를 마련하는 것입니다. 기존의 방식으로는 문제가 해결되지 않습니다. 새로운 방식으로 접근하기 위한 작업입니다. 작업 16은 당신에게 편안하고 따뜻한 이미지를 찾아보는 것입니다. 문제가 나타나면 당신의 감정이 부정적으로 바뀔 수 있습니다. 문제는 부정적인 생각, 부정적인 감정, 회피 행동 등을 하게 만듭니다. 이때 빨리 알아차리고 당신의 마음을 회복시키는 이미지를 떠올리는 것입니다.

그럼 작업 13부터 시작해 볼까요? 일주일에 한 가지씩 작업하면 됩니다.

작업 13 잘했던 기억

이 작업은 문제로부터 초점을 돌려서 당신의 삶 속에서 좋은 기억을 찾아보기 위한 것입니다. 당신의 삶에 항상 문제만 가득했던 것은 아닙니다. 유사한 상황이지만 당신이 바라는 대로 잘 대처했던 기억이 분명히 있습니다. 그것을 찾아봅시다.

1. 준비물: 자유 선택

2. 방법

1) 문제가 나타나지 않고 당신이 바라는 대로 말하거나 행동했던 기억을 떠올려 보세요.
2) 천천히 생각하고 표현하면 됩니다.

3. 참고 사항

1) 예를 들어, 항상 당신을 챙기기보다 타인만 챙기는 것이 문제라면, 기억 속에서 당신이 자기 자신을 돌보았던 장면을 찾아보는 것입니다. 또는 시작하는 것을 두려워하는 것이 문제인데, 두려워하지 않고 시작을 했던 기억을 찾아보는 것입니다.
2) 최근 기억이어도 좋고 아주 어릴 때 기억이어도 좋습니다. 그런 기억이 없지는 않을 것입니다.
3) 탐정이 되어 돋보기를 들고 자신의 삶을 구석구석 샅샅이 찾아보세요.
4) 급하게 오늘 당장 찾아야 하는 것은 아닙니다. 시간을 갖고 찾아보길 바랍니다.

4. **활동**: 다음 상자 안에 잘했던 기억을 표현해 보세요.

5. 다음 질문에 답해 보세요.

1) 문제가 나타났을 때와 문제가 나타나지 않았을 때가 어떻게 다른가요?

2) 어떤 생각이 드나요, 어떤 기분이 느껴지나요?

잠깐만! 장점 50가지를 찾아봅시다

　다음 칸에 자신의 장점을 써넣으세요. 다른 사람과 비교하지 말고 스스로 생각하기에 이런 점은 좀 잘하는 것 같다거나, 좋은 점인 것 같다고 생각하는 것을 써넣으면 됩니다. 타인과 비교를 하게 되면 김연아 선수, 손흥민 선수 같은 사람들만 잘한다고 할 수 있고, 다른 모든 사람들은 장점이 있다고 말할 수 없는 것이 됩니다. 그러니 타인과 비교하지 말고 자신의 장점을 찾아보세요. 구체적이고 자세하게 쓰는 것이 좋습니다.

- 칸마다 한 가지씩 자신의 장점을 써넣으세요.
- 일주일의 시간 동안 50가지를 써넣으면 됩니다.
- 원한다면 가족이나 친구에게 물어봐서 써넣어도 됩니다.
- 절대로 남과 비교하지 마세요.

번호	장점	번호	장점
1		12	
2		13	
3		14	
4		15	
5		16	
6		17	
7		18	
8		19	
9		20	
10		21	
11		22	

번호	장점	번호	장점
23		37	
24		38	
25		39	
26		40	
27		41	
28		42	
29		43	
30		44	
31		45	
32		46	
33		47	
34		48	
35		49	
36		50	

● 처음부터 50번까지 읽어 보세요. 당신은 이런 사람입니다.

 나의 자원, 나의 장점

이 작업은 문제가 나타났을 때 직접적으로 문제를 해결하는 데 도움이 되는 당신의 자원이나 장점을 찾아보기 위한 것입니다.

1. 준비물: 자유 선택

2. 방법

  1) 문제를 해결하는 데 도움이 되는 당신의 자원이나 장점을 떠올려 보세요.

  2) 그것들을 그림으로 표현해 보세요.

3. 참고 사항

  1) 앞의 [잠깐만]에서 작성한 50가지 장점 중에 활용할 수 있는 것을 선택해 보세요.

  2) 원한다면 명함 크기의 카드를 만들어, 자신이 찾은 자원과 장점을 써서 지니고 다니세요.

  3) 글로 쓰지 말고 그림으로 표현해 보세요. 색으로만 표현해도 됩니다.

4. 활동: 다음 상자에 당신의 자원과 장점을 표현해 보세요.

5. 다음 질문에 답해 보세요.

1) 당신이 찾은 자원과 장점으로 문제에 대해 어떻게 대처하겠나요?

2) 어떤 생각이 드나요, 어떤 기분이 느껴지나요?

3) 당신의 자원이나 장점을 넣어서 써 보세요.

"나는 _____(자원/장점을 넣어서)한 사람이야."

"나는 _____(자원/장점을 넣어서)한 사람이야."

"나는 _____(자원/장점을 넣어서)한 사람이야."

"나는 _____(자원/장점을 넣어서)한 사람이야."

"나는 _____(자원/장점을 넣어서)한 사람이야."

"나는 _____(자원/장점을 넣어서)한 사람이야."

이제 자원/장점을 넣어서 작성한 표현대로 자신에게 말해 보세요. 다음 작업 때까지 매일 구호처럼 외쳐 보세요.

작업 15 ━ **새로운 나의 태도**

이 작업은 잠재적인 문제해결을 위해 당신만의 새로운 규칙이나 마음가짐(태도)을 찾아보는 것입니다.

1. 준비물: 자유 선택

2. 방법

1) 잠재적인 문제를 해결하기 위해 당신이 할 수 있는 새로운 규칙이나 마음가짐에 대해 생각해 보세요.

2) 새롭게 가질 당신의 마음가짐과 태도를 표현해 보세요.

3. 참고 사항

1) 기존의 방법이 아닌 새로운 규칙/마음가짐에 대해 브레인스토밍을 해 보세요.

2) 여러 가지 방법 중에서 장단점을 따져 보고 보다 효과적이라고 생각되는 방법을 선택해 보세요.

	아이디어	장점	단점
1			
2			
3			
4			
5			

4. 활동: 다음 상자 안에 당신의 새로운 규칙이나 마음가짐을 표현해 보세요.

5. 다음 질문에 답해 보세요.

1) 어떤 규칙이나 마음가짐인가요?

2) 작업 후 어떤 생각이나 기분이 드나요?

3) 어떻게 활용할 것인가요?

작업 16 — 내 마음을 포근하게

문제가 나타나면 당신의 마음이 부정적으로 바뀌어 부정적인 생각이나 부정적인 감정 상태가 될 수 있습니다. 이 작업은 따뜻한(편안한, 행복하게 만드는) 이미지를 활용하여 긍정적인 상태로 회복할 수 있도록 하기 위한 것입니다.

1. 준비물: 자유 선택

2. 방법

  1) 떠올리면 마음이 편안해지는 이미지를 떠올려 보세요.

  2) 떠올린 이미지를 표현해 보세요.

3. 참고 사항

  1) 이 이미지는 당신이 가 보지 않았던 장소여도 상관이 없습니다.

  2) 인터넷 등에서 봤는데 아주 편안해 보이는 장소여도 좋고 상상의 공간이어도 좋습니다.

4. 활동: 다음 상자 안에 당신의 마음을 편안하게 만드는 이미지를 표현해 보세요.

5. 다음 질문에 답해 보세요.

1) 어떤 이미지를 떠올렸나요?

_____

_____

_____

_____

2) 어떤 생각이 드나요, 어떤 기분이 느껴지나요?

_____

_____

_____

_____

문제가 나타나 마음이 부정적으로 바뀌었다고 느껴질 때 이 이미지를 떠올려 보세요.

읽어 주세요!

　모듈 4를 마쳤습니다. 모듈 4를 통해 문제와 관련된 당신의 신념과 반대되는, 과거에 잘했던 기억을 찾아보았습니다. 부정적인 신념은 당신이 세상을 편견적으로 보게 하였습니다. 만약 '나는 불안한 사람이야.'라는 신념을 가지고 있으면 불안했던 기억에만 초점을 맞추어 보게 됩니다. 그러니 그동안 그 신념이 사실인 것처럼 생각되었던 것입니다. 하지만 당신에게는 편안했던 기억이 분명히 있습니다. 그리고 하루를 생각해도 24시간이 불안한 것은 아니기 때문에 그렇게 정의할 수는 없습니다. 모듈 4의 작업을 통해 문제가 만들어 놓은 가상의 세계에서 빠져나왔습니다. 하지만 잊지 마세요. 문제는 또 나타날 수 있습니다. 항상 알아차리려고 노력해야 합니다.

　이제 문제가 다시 나타난다면 당신이 가진 성실함으로, 때로는 '깡'으로 당당하게 맞서서 해결할 수 있을 것입니다. 또 떠올릴 수 있는 편안한 이미지를 통해 문제가 만들어 놓은 부정적인 덫에서 빠져나올 수 있습니다.

　오래 전에 〈이상한 나라의 폴〉(1976)이라는 TV 애니메이션이 있었습니다. 주인공 폴이 갑자기 이상한 나라로 가서 마왕에게 납치된 소꿉친구 니나를 구하기 위해 마왕과 싸우는 이야기입니다. 어쩌면 우리도 현실에서 살지 않고 갑자기 문제가 열어 놓은 이상한 나라로 들어가 그 문제에 빠져 살고 있었는지도 모릅니다.

　다시 한번 강조하겠습니다. 문제는 사라진 것이 아닙니다. 언제든 당신의 마음이 스트레스를 받아 약해진다면 슬그머니 나타나 당신을 문제가 만든 가상의 세계로 데려갈 것입니다. 잠시 끌려갔더라도 알아차리고 문제가 만든 세상에서 빠져나오면 됩니다. 당신은 할 수 있습니다!

모듈 5 새로운 나의 삶의 스타일을 만들어 볼까요

모듈 4를 통해 문제가 보여 주는 가상의 세계로부터 벗어나 현실의 세계에 있는 당신의 좋은 기억, 장점 등을 찾아보았습니다. 모듈 5에서는 좀 더 적극적으로, 좀 더 새롭게 당신이 원하는 방식대로 세상을 향해 나아가는 것입니다.

모듈 5도 네 개의 작업과 보충 작업 한 개로 구성되어 있습니다. 작업 17은 바라는 대로 문제 상황이 해결되는 장면을 표현해 보는 것입니다. 이는 스포츠심리학에서 하는 이미지트레이닝과 유사한 작업입니다. 작업 18은 당신 마음속에 당신 편을 만드는 작업입니다. 항상 당신의 편이 되어 위로와 공감을 해 줄 것입니다. 이는 자기대화를 비판적 대화가 아니라 지지와 긍정의 대화로 바꾸기 위한 것입니다. 작업 19는 작업을 진행하면서 달라진 현재 당신의 모습을 그려 보는 것입니다. 그리고 작업 1에서 그린 당신의 모습과 비교해 보는 것입니다. 어떻게 달라졌을까요? 궁금합니다. 단, 처음 그린 당신의 모습을 보거나 떠올리지 말고 자연스럽게 작업하길 바랍니다. 작업 20으로 넘어가기 전에 보충 작업인 '잠깐만! 당신이 바라는 당신의 모습을 찾아봅시다'를 해 보세요. 작업 20은 미래 당신의 모습을 표현해 보는 것입니다. 10년 후 또는 20년 후 바라는 당신의 모습입니다. 구체적으로 생각해 보고 상상해 봅시다. 훗날 당신이 무엇을 하고 있고 당신이 바라는 주변의 모습은 어떤 것일까요? 한 30대 여성은 불편한 직장 상사 때문에 다니던 회사를 그만두고 나와서 상담을 하는 과정에서 자신이 바라는 직장의 모습을 상상하고 표현해 보았습니다. 놀랍게도 상담이 종결되기 전에 원하는 상황의 직장에 취업하게 되었습니다. 여러분에게도 일어날 일입니다. 바라고 상상한다면 그것이 당신의 미래 모습이 될 것입니다.

　모듈 5의 네 개의 작업은 문제와 거리를 두고 자신을 지지하여 더 긍정적으로, 지금-여기에서 자신과의 대화를 더 적절히 하도록 돕고, 현재를 더 튼튼하게 하며 미래를 원하는 대로 만들어 가기 위한 것입니다.

작업 17 - 나의 시나리오

이 작업은 이전에는 당신에게 문제가 되었던 상황이 당신이 원하는 대로 잘 이루어지는 상황으로 이미지트레이닝을 하기 위한 것입니다.

1. 준비물: 자유 선택

2. 방법

　1) 문제가 되었던 상황을 떠올려 보고 당신이 원하는 대로 잘 진행되는 상황을 시나리오로 써 보세요.

　2) 그 상황을 그림으로 표현해 보세요.

3. 참고 사항

　1) 당신이 원하는 대로의 상황을 구체적으로 생각해 보세요.

　2) 그림을 그릴 때 만화의 컷처럼 전-과정-후로 나누어 그려도 좋고, 그 장면을 추상적으로 표현해도 좋습니다.

4. 활동

1) 당신이 원하는 대로 잘 이루어지는 내용의 시나리오를 써 보세요.

2) 다음 상자 안에 앞의 장면을 표현해 보세요.

5. 다음 질문에 답해 보세요.

1) 그 상황에서 당신은 이전과 어떻게 다른 행동을 하고 있나요?

2) 당신이 그린 장면을 상상해 보세요. 어떤 생각이나 기분이 드나요?

작업 18 - **나의 온정 코치**

이 작업은 당신의 마음속에서 항상 지지가 되고 위로가 되는, 당신을 위한 온정적인 캐릭터를 만들기 위한 것입니다.

1. 준비물: 자유 선택

2. 방법

　1) 항상 당신에게 지지가 되고 공감을 해 줄 온정 코치를 표현해 보세요.

　2) 온정 코치에 이름을 붙여 보세요.

3. 참고 사항

　1) 당신의 온정 코치는 남자일까요, 여자일까요? 나이대는 어느 정도일까요?

　2) 온정 코치를 선택할 때 다음을 참고하세요.

　　① 온정 코치는 위인, 연예인, 영화 주인공, 만화 캐릭터, 실제 인물이어도 됩니다.

　　② 실제 인물은 기억 속에서 '항상' 내편이었어야 합니다. 그래서 가능하다면 다른 캐릭터를 선택하는 것을 권합니다.

　　③ 나무, 바다 또는 하늘 등 자연물이어도 좋습니다.

　　④ 온정 코치의 목적은 당신을 지지하고 공감해 주는 것입니다. 그 목적에 부합한다면 어떤 모습이어도 좋습니다.

　3) 온정 코치는 항상 당신의 지지자가 되어 당신을 공감하고 위로합니다. 조언을 하거나 지시하는 것이 아니라 공감적인 역할을 하는 것이 중요합니다.

4. 활동: 다음 상자 안에 당신의 온정 코치를 표현해 보세요.

5. 다음 질문에 답해 보세요.

1) 온정 코치의 이름은 무엇인가요?

2) 당신의 온정 코치 _____(온정 코치 이름)은/는 당신이 힘들거나 괴로울 때 뭐라고 말할까요? (공감과 지지의 표현입니다. 조언이 아닙니다.)

3) 온정 코치가 당신을 안아 주거나 손을 잡아 주는 상상을 해 보세요. 어떤 생각이나 기분이 드나요?

작업 19 ─ **달라진 나의 모습**

지금까지 자기 상담을 위한 활동들을 해 왔습니다. 이 작업은 그 과정들을 통해 당신에게 어떤 변화가 나타났는지 살펴보기 위하여 현재 당신의 모습을 표현해 보는 것입니다.

1. 준비물: 색연필, 사인펜

2. 방법

    1) 색연필이나 사인펜을 사용하여 자신의 모습을 그려 보세요.

    2) 머리끝부터 발끝까지 표현해 보세요.

3. 참고 사항

    1) 이 작업에서는 연필과 지우개를 사용하지 마세요.

    2) 색칠을 하거나 배경을 그리는 것은 자유입니다.

    3) 이 작업을 하기 전에 **작업 1**의 그림을 보지 않길 바랍니다.

4. 활동: 다음 상자 안에 현재 당신의 모습을 표현해 보세요.

5. 다음 질문에 답해 보세요.

1) 그림 속 당신은 어떤 표정을 짓고 있으며 무슨 생각을 하고 있나요?

2) 그림 속 당신은 무엇을 하고 있나요, 기분은 어떤가요?

3) **작업 1**에서 표현한 당신의 모습과 비교해 보세요. 어떤 점에서 다른가요?

⚫ 잠깐만! **당신이 바라는 당신의 모습을 찾아봅시다**

당신이 무엇을 하고 있다면 좋을까요? 어떤 것을 하고 싶은가요? 지금 또는 10년 후, 20년 후 하고 싶은 것도 좋습니다. 사소한 것이라도 괜찮습니다. 당신이 하고 싶은 것 100가지를 써 보세요. 이것은 당신이 진정 원하는 것을 찾는 데 도움이 될 수 있습니다.

	당신이 좋아하는 활동, 하고 싶은 일 등을 써 보세요.
1	
2	
3	
4	
5	
6	
7	
8	
9	
10	
11	
12	
13	
14	
15	
16	

	당신이 좋아하는 활동, 하고 싶은 일 등을 써 보세요.
17	
18	
19	
20	
21	
22	
23	
24	
25	
26	
27	
28	
29	
30	
31	
32	
33	
34	
35	
36	

	당신이 좋아하는 활동, 하고 싶은 일 등을 써 보세요.
37	
38	
39	
40	
41	
42	
43	
44	
45	
46	
47	
48	
49	
50	
51	
52	
53	
54	
55	
56	

	당신이 좋아하는 활동, 하고 싶은 일 등을 써 보세요.
57	
58	
59	
60	
61	
62	
63	
64	
65	
66	
67	
68	
69	
70	
71	
72	
73	
74	
75	
76	

	당신이 좋아하는 활동, 하고 싶은 일 등을 써 보세요.
77	
78	
79	
80	
81	
82	
83	
84	
85	
86	
87	
88	
89	
90	
91	
92	
93	
94	
95	
96	

	당신이 좋아하는 활동, 하고 싶은 일 등을 써 보세요.
97	
98	
99	
100	

작업 20 미래 나의 모습

제2부의 마지막 작업입니다. 이 작업은 당신의 미래를 적극적으로 그려 보기 위한 것입니다.

1. 준비물: 자유 선택

2. 방법

1) 당신이 바라는 당신의 미래 모습과 환경 등을 구체적으로 떠올려 보세요.

2) 당신이 바라는 미래의 모습을 표현해 보세요.

3. 참고 사항

1) [잠깐만]에서 했던 작업에서 당신이 진정으로 원하는 것을 찾았을까요? 물론 꼭 그것이 아니어도 좋습니다.

2) 미래의 당신은 무엇을 하고 있나요?

3) 미래에 당신의 주변은 어떤 환경인가요?

4. 활동: 다음 상자 안에 당신의 미래 모습을 표현해 보세요.

5. 다음 질문에 답해 보세요.

1) 미래의 당신은 무엇을 하고 있나요?

2) 미래에 당신의 주변 환경은 어떤 모습인가요?

3) 당신의 미래 모습을 상상해 보세요. 어떤 생각이나 기분이 드나요?

읽어 주세요!

모듈 5를 통해 문제에 잘 대처하는 당신이 바라는 상황을 표현해 보았고 당신의 미래도 그려 보았습니다. 그렇게 될 것입니다. 그리고 이제 당신에게는 ＿＿＿＿＿＿＿＿＿(온정 코치 이름)이/가 항상 함께할 것입니다. 당신을 위로하고 지지하고 공감할 것입니다. 잊지 마세요. 다른 사람은 몰라도 당신은 압니다. 당신에게는 ＿＿＿＿＿＿＿＿(온정 코치 이름)이/가 있다는 것을!

하지만 잊지 마세요. 당신은 언제든 스트레스 상황 아래 힘이 빠지고 나약해질 수 있습니다. 그러면 또 ＿＿＿＿＿＿＿＿(문제의 이름)이/가 나타나 속삭일 것입니다. 그때 당신은 어떻게 이겨내 겠습니까? 지금까지 이 과정을 통해 활용할 수 있게 된 것들을 떠올려 보세요. 앞의 작업들을 참고해서 찾아보아도 좋습니다.

＿＿＿

＿＿＿

＿＿＿

＿＿＿

이 작업들을 처음부터 다시 할 수도 있지만 앞에 적은 방법들을(이제 당신의 자원이 되었습니다.) 활용하여 대처할 수 있을 것입니다. 제일 먼저 ＿＿＿＿＿＿＿＿(문제의 이름)이/가 속삭인다는 것을 알아차려야 합니다. 그리고 여러 방법을 활용하여 문제에 대처하기 바랍니다.

한 걸음 물러나서 CCTV처럼 당신의 생각을, 당신의 감정을 관찰하여 보세요. '～을 해야 한다고 생각하는구나.' '불안하다고 느끼는구나.' '걱정하고 있구나.' 하고 그냥 바라보세요. 내버려 두면 생각은 지나갑니다. 감정도 지나갑니다. 당신의 버스에 탄 그들을 붙잡지 마세요. 그런 다음, 당신이 가고자 하는 방향대로 계속 운전을 하면 됩니다. 당신의 진정한 목소리를 듣고, 지금-여기에서 하고자 하는 바를 하면 됩니다.

작업을 마치며

당신은 모든 모듈을 마쳤습니다. 첫 작업(작업 1)부터 마지막 작업(작업 20)까지 천천히 훑어
보세요. 어떤 생각이 드나요? 어떤 기분이 느껴지나요?

처음부터 끝까지 해내는 것이 쉬운 일은 아니랍니다. 당신의 바쁜 일상이 또 주변의 여러 가지
요인이 당신을 방해했을지도 모르기 때문입니다. 당신은 아주 성실한 사람이며 자신을 잘 돌볼 수
있는 사람입니다. 그러므로 당신은 하고자 하는 일을 아주 잘 해내리라 믿습니다.

수고하셨습니다.

제3부

일상에서 마음을 돌보는
미술치료를 해 볼까요

모듈 1. 나의 감정을 표현해 볼게요

모듈 2. 마음을 지금-여기에 머물게 할게요

모듈 3. 나의 생각을 살펴볼게요

모듈 1 나의 감정을 표현해 볼게요

비주얼 저널 작업은 일상에서 느껴진 감정을 알아차리고 표현하기 위한 것입니다. 많은 사람이 일상의 감정들을 표현하지 않아도 시간이 지나면 괜찮아진다고 생각하지만 그렇지 않습니다. 우리 마음에 부정적인 감정이 쌓이게 됩니다. 만약 흙탕물을 유리컵에 한가득 담은 다음 1시간 정도 시간이 지나면 어떻게 될까요? 맞습니다. 위는 깨끗한 물이 되어 있지만 아래는 흙이나 이물질들이 쌓이게 됩니다. 이 컵을 흔들면 어떻게 될까요? 다시 흙탕물이 됩니다. 우리의 감정은 이것과 비슷합니다. 일상의 감정들을 방치하면 부정적인 감정이 쌓이게 되고 별일 아닌 일에 욱하고 감정이 올라오게 됩니다. 원래 이렇지는 않았다고 생각하면서, 자신도 이 낯선 모습에 놀라게 될 것입니다. 하지만 방치하면 이런 태도나 행동을 반복하게 되고 마음에 성격으로 자리 잡게 됩니다. 또, 이렇게 감정을 억압하면 감정을 느끼는 능력을 감소시키게 됩니다. 즉, 어떤 상황에서 감정이 생기지만 그 순간에는 감정을 인식하지 못합니다. 그러니 상대에게 표현하지 못하게 되고, 꿀 먹은 벙어리처럼 있다가 시간이 지나서야 인식하게 되어 억울함이나 분함에 휩싸이게 됩니다. 그러면 주변에 있는 만만한 대상에게 화풀이를 하게 될 수도 있습니다. 그러므로 그때그때 감정을 인식하고 표현하는 것이 중요합니다. 그러려면 매일 자신의 마음을 바라보고 표현하는 연습을 하는 것이 필요합니다.

페니베이커 등의 연구에 의하면 힘든 일이나 어려운 상황에서 자신의 생각이나 감정 등에 대해 글쓰기를 했을 때, 더 빨리 직장에 재고용되거나 대학교 신입생들이 더 좋은 성적을 내었다고 합니다(Pennebaker & Beall, 1986; Spera, Buhrfeind, & Pennebaker, 1994).

일상에서 일어나는 부정적인 감정들을 미술 작업 등으로 표현하고 글쓰기를 하게 되면 자연스럽게 해소가 되어 마음에 쌓이지 않게 됩니다. 다음 방법을 참고하여 작업해 보세요.

1. 준비물: 자유 선택

2. 방법
  1) 먼저 비주얼 저널 페이지에 오늘의 날짜를 씁니다.
  2) 그림 칸에 오늘 불편했던 기억을 떠올려 그때의 감정을 표현해 보세요.
  3) 작업이 끝나면 작업 과정에서 떠오른 내용을 글로 씁니다. 그림을 그리듯 글로 자유롭게 쓰면 됩니다.

3. 참고 사항
  1) 그림 작업을 할 때는 마음에 끌리는 미술 재료를 선택하는 것이 좋습니다.
  2) 구체적으로 그려도 좋고 추상적으로 그려도 좋습니다. 자유롭게 표현하면 됩니다.
  3) 오늘 경험 중에 그리고 싶은 내용이 없다면 마음 가는 대로 자유롭게 표현해 보셔도 됩니다.
  4) 컴퓨터를 사용하지 말고 천천히 손으로 써 보길 바랍니다.
  5) 때로는 왼손으로 글을 쓰는 것도 도움이 됩니다. 당신의 마음이 하고 싶은 말을 놓치지 않고 들을 수 있습니다. 평소에 왼손을 주로 사용하더라도 왼손으로 쓰기 바랍니다.

🌱 날짜: 년   월   일

그림

❤ 날짜:　　　　　 년　　　 월　　　 일

 그림

 저널 쓰기

🌱 날짜:　　　　년　　월　　일

 그림

 저널 쓰기

🌱 날짜: 년   월   일

🌱 날짜:　　　　　 년　　　 월　　　 일

 그림

 저널 쓰기

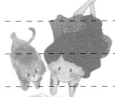

❤ 날짜:　　　　　년　　월　　일

 그림

 저널 쓰기

🌱 날짜:　　　　　년　　　월　　　일

🌱 날짜: 년   월   일

 그림

저널 쓰기

🌱 날짜:　　　　년　　　월　　　일

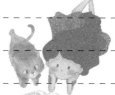

❤ 날짜:　　　　　년　　　월　　　일

 그림

 저널 쓰기

🌱 날짜: 년   월   일

 그림

저널 쓰기

🌱 날짜:　　　　년　　월　　일

 그림

 저널 쓰기

❤ 날짜: 년   월   일

그림

저널 쓰기

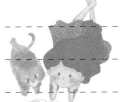

❤ 날짜:　　　　년　　　월　　　일

 그림

 저널 쓰기

❤ 날짜: 년   월   일

저널 쓰기

❧ 날짜: 년   월   일

 그림

저널 쓰기

🌱 날짜:　　　　　년　　　월　　　일

 그림

 저널 쓰기

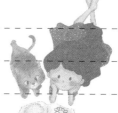

🌱 날짜:　　　　년　　　월　　　일

 그림

저널 쓰기

❤ 날짜:　　　　년　　월　　일

 그림

 저널 쓰기

🌱 날짜:　　　　년　　월　　일

 그림

🙂 저널 쓰기

모듈 2 마음을 지금-여기에 머물게 할게요

　만다라 작업은 자기탐색, 정체감 확립, 불안이나 우울 감소(정은주, 2020) 등 심리치료 목적의 작업이며, 마음챙김 명상을 위한 과정이기도 합니다. 마음챙김 명상을 지속하면 과거에 대한 반추나 미래에 대한 걱정, 염려에서 벗어나게 되므로 심리적인 고통이 줄어들고 마음이 편안해지며, 좌뇌의 활성화로 긍정적인 기분이 증가하고 알아차림이 증가하게 됩니다. 또한 자신의 행동을 통제할 수 있으며, 집중력이나 기억력이 좋아집니다(Van Dijk, 2012). 이러한 만다라 작업은 일상에서도 할 수 있는 명상 방법입니다.

　만다라 작업을 할 때는 명상과 마찬가지로 어떠한 판단도 하지 않고, 인내심을 가지고, 수용하고 애쓰려는 마음을 없애며, 처음의 마음가짐으로 하면 됩니다.

1. 준비물: 자유 선택

2. 방법

1) 명상을 위해 고요한 장소를 선택합니다.
2) 만다라 작업을 위한 문양(문양 만다라)이나 원(자유 만다라)을 선택하고 원하는 미술 재료를 준비합니다.
3) 준비가 되었으면 꼿꼿하게 앉아 1~2분 동안 눈을 감고 마음챙김 호흡 명상을 합니다. 호흡을 들이쉴 때는 이 세상에서 가장 맑고 깨끗한 공기가 내 안으로 들어오고, 호흡을 내쉴 때는 나에게 필요 없는 근심, 걱정, 통증, 질병을 내보낸다고 상

상해 보세요.

4) 만다라 작업을 위한 준비가 되었다면 눈을 뜨고 만다라 작업을 시작합니다.

5) 작업을 마치면 한쪽 귀퉁이에 오늘 날짜를 쓰세요.

6) 다시 호흡 명상을 2~3번 하고 만다라 명상을 마치면 됩니다.

3. 참고 사항

1) 작업대 위에는 재료만 올려 둡니다.

2) 원한다면 고요한 명상 음악을 틀어 놓거나 촛불을 켜 둡니다. 명상 음악은 가사가 없는 곡으로 선택합니다.

3) 문양 만다라는 색칠만 하면 됩니다. 자유 만다라인 원을 선택하였다면 원 안에 선, 원, 삼각형, 사각형 등을 활용하여 문양을 그리고 색칠하면 됩니다.

4) 예를 들어, '나는 명상이 안 맞아.' '전에 해 봤는데 재미가 없어.' 등 어떠한 판단이나 평가를 하지 않고 작업을 하는 것이 중요합니다.

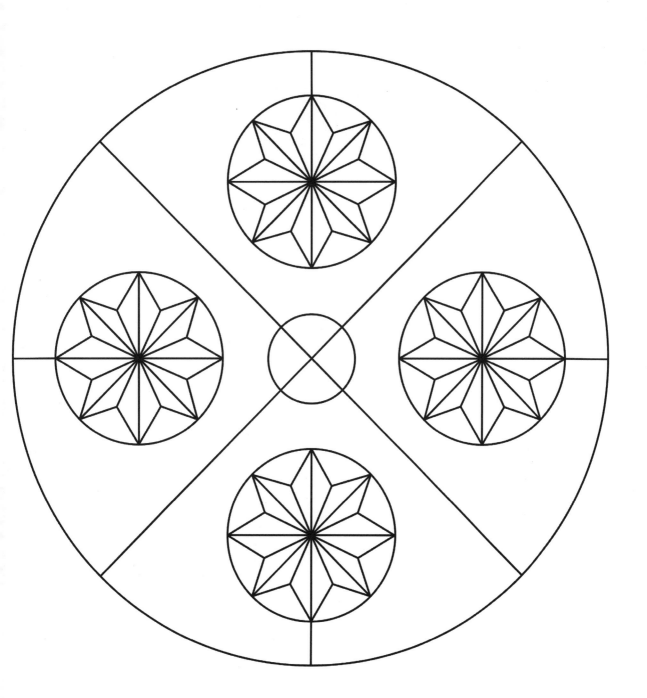

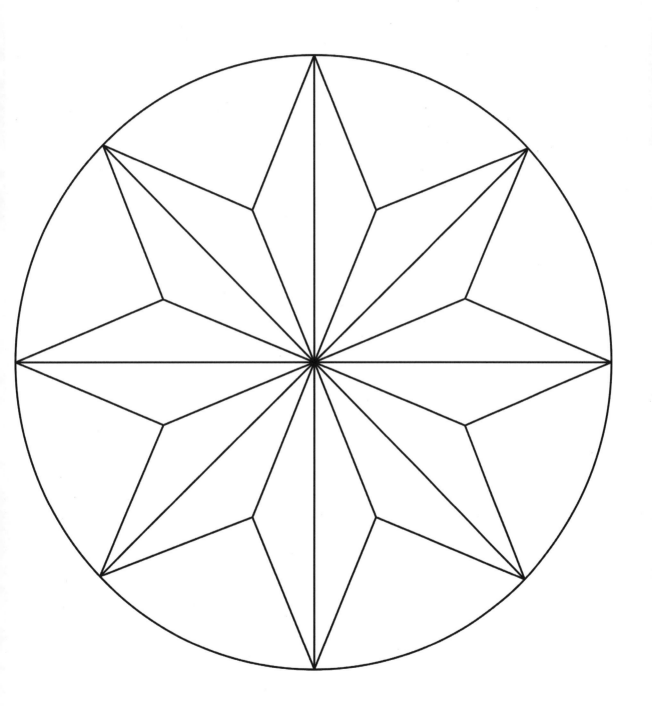

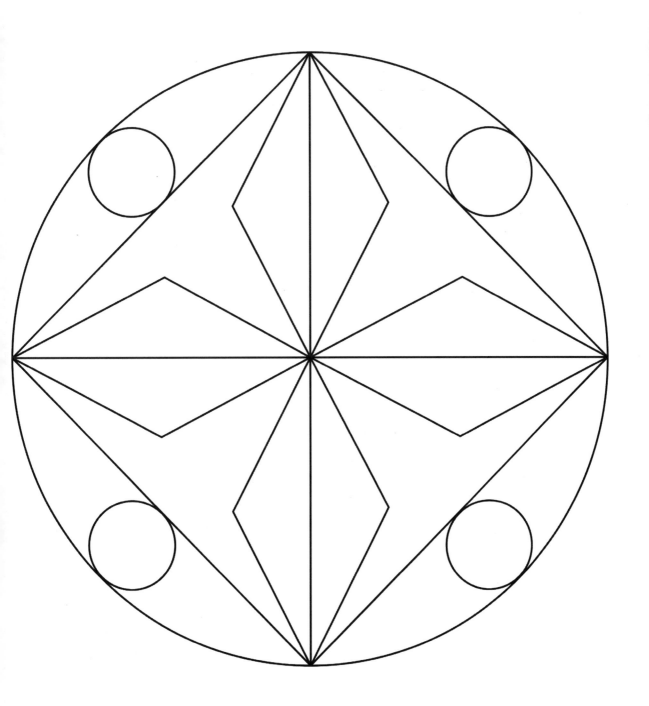

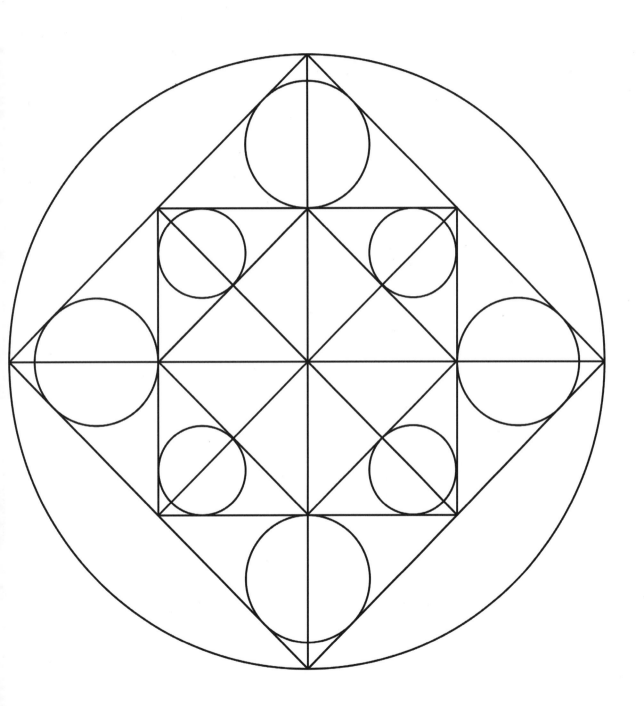

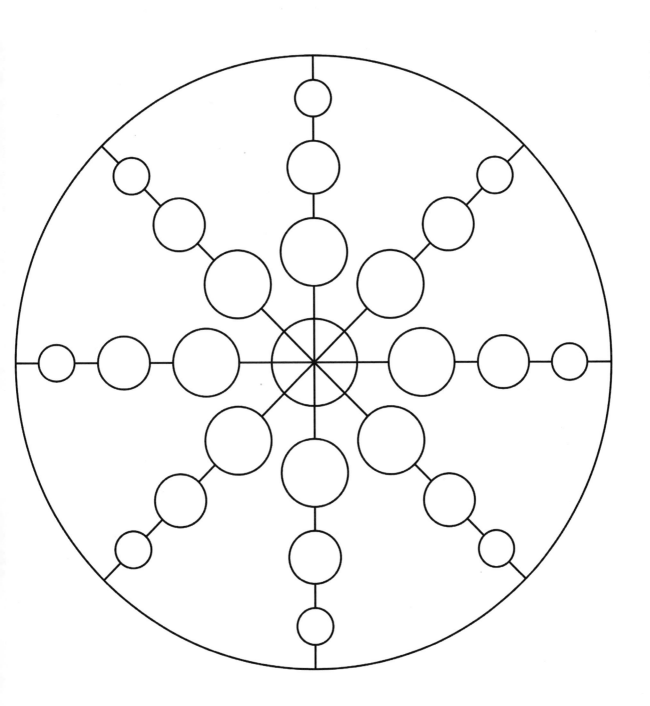

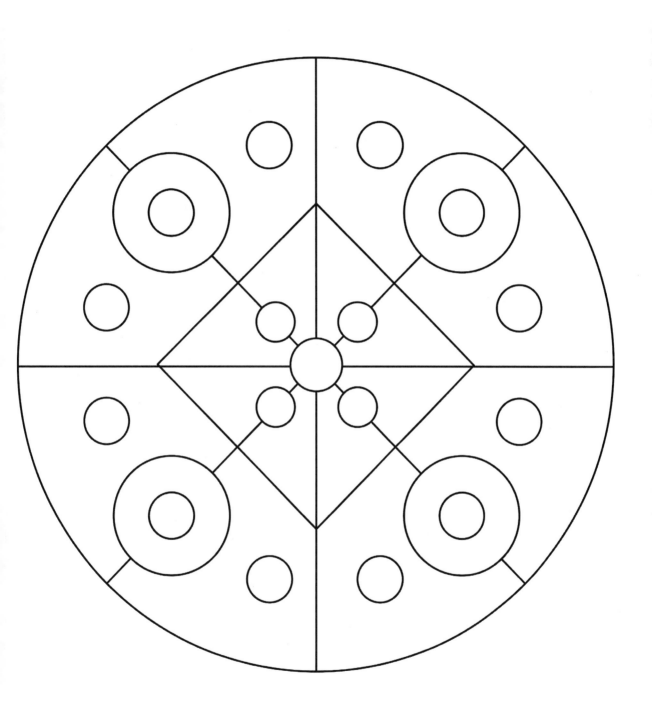

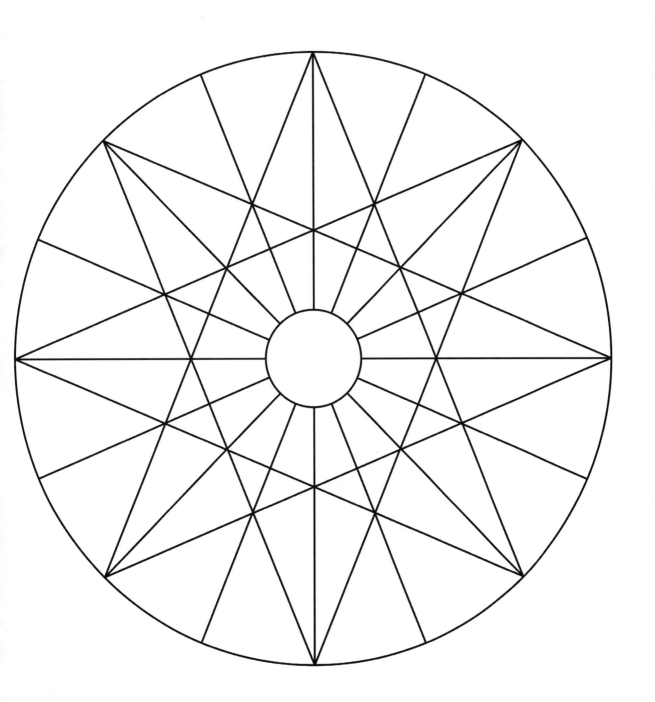

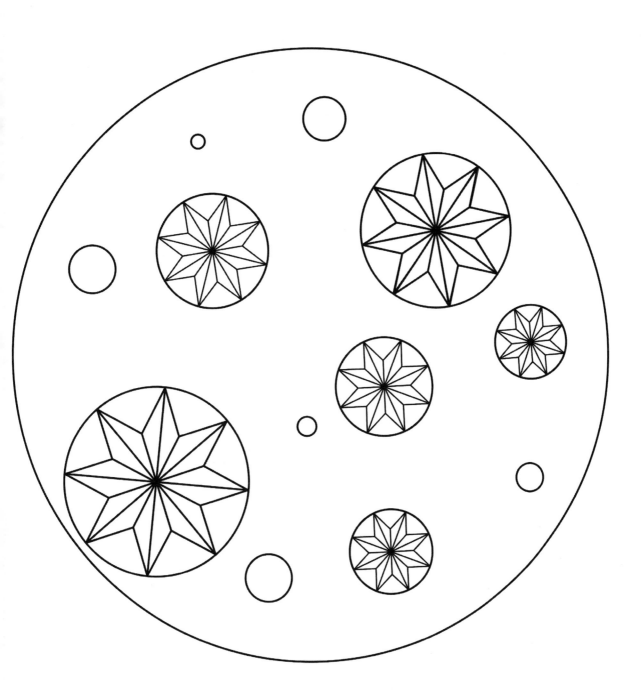

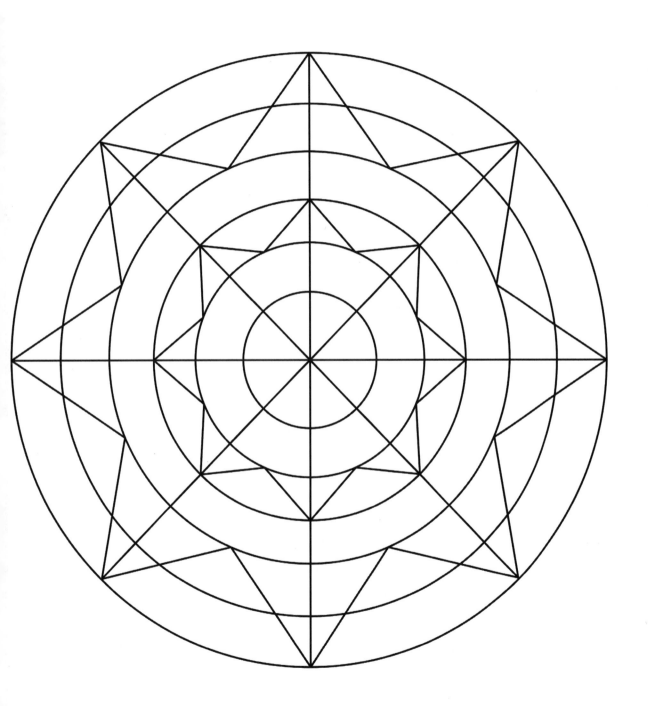

모듈 3 나의 생각을 살펴볼게요

일상적 사고감정 그림일기 작업은 일상에서 느껴진 감정을 알아차리고 그것을 바탕으로 사고를 파악하여 그 상황에서 균형 잡힌 사고를 하기 위한 것입니다. 사람은 일상을 살아가면서 정말 많은 생각을 하고 감정을 느끼며 그에 따라 행동하게 됩니다. 어떤 생각들은 긍정적이고 자신에게 도움이 됩니다. 그것들은 계속 유지하면 됩니다. 그러나 어떤 생각들은 부정적이고 자신에게 해롭습니다. 그것들은 달라지는 것이 필요합니다(Dalai Lama & Howard, 1998). 부정적이거나 한쪽으로 치우친 생각의 균형을 잡아 주게 되면 자연스럽게 감정도 치우치지 않고 안정될 수 있습니다. 감정이 안정되면 감정과 세트화된 행동이 나타나지 않을 수 있습니다. 세트화된 행동이란 어떠한 감정은 특정 행동을 유발할 가능성이 높은데, 특정 감정에 따른 특정 행동의 경향성을 말합니다. 예를 들어, 화가 났을 때 문을 쾅 닫는 것부터 베개나 물건을 던진다든지 목소리를 높이는 행동이 될 수 있습니다. 세트화된 행동은 사람마다, 혹은 감정의 강도나 상황에 따라 다를 수 있습니다. 부정적인 감정이 강할수록 강한 부적응적인 행동이 나타나기 쉽습니다. 이 작업은 감정에 앞선 생각을 찾아 균형을 잡아 주는 방법입니다.

1. 준비물: 자유 선택

2. 방법

1) 그림일기 칸에 날짜를 씁니다.

2) 그림 칸에 오늘 불편했던 기억을 떠올려 그때의 감정을 표현해 보세요.

3) 작업이 끝나면 그때의 감정을 쓰세요. 여러 가지일 경우 느껴진 감정 단어를 모두 쓰기 바랍니다.

4) 각 감정의 강도를 0(가장 약한)에서 10(가장 강한)까지 숫자로 나타내세요.

5) 그때 어떤 생각을 했었는지 생각을 쓰세요. 여러 가지 생각이 들었다면 모두 쓰기 바랍니다.

6) 각 생각에 대해 얼마나 확신하는지 숫자로 나타내세요(100은 100% 확신한다는 뜻입니다).

7) 앞의 순서에서 작성한 여러 가지 생각 중 하나를 선택하세요.

8) 증거 찾기에서 지지 증거란 내 생각이 옳다는 증거입니다. 반대 증거란 내 생각이 틀렸다는 증거를 쓰는 것입니다.

9) 균형 잡힌 사고는 지지 증거와 반대 증거를 바탕으로 한 포괄적인 생각으로 정리하여 쓰는 것입니다(제2부 **모듈 3**의 [잠깐만]을 참고하여 써 보세요).

10) 균형 잡힌 사고 이후 처음 감정의 강도가 어떻게 달라졌는지 씁니다.

3. 참고 사항

1) 그림 작업을 할 때는 마음에 끌리는 미술 재료를 선택하면 좋습니다.

2) 구체적으로 그려도 좋고 추상적으로 그려도 좋습니다. 자유롭게 표현하면 됩니다.

❤ 날짜:　　　　년　　　월　　　일

 그림

감정(0~10)	
생각(0~100%)	

 증거 찾기

✿ 지지 증거

✿ 반대 증거

 균형 잡힌 사고

감정(0~10)

날짜: 년   월   일

 그림

| 감정(0~10) | |
| 생각(0~100%) | |

 증거 찾기

✿ 지지 증거

- -

✿ 반대 증거

- -

 균형 잡힌 사고

- -

- -

감정(0~10)

❤ 날짜:　　　　년　　　월　　　일

 그림

감정(0~10)	
생각(0~100%)	

 증거 찾기

✿ 지지 증거

✿ 반대 증거

 균형 잡힌 사고

감정(0~10)	

🌱 날짜: 년   월   일

감정(0~10)	
생각(0~100%)	

✿ 지지 증거

- -

✿ 반대 증거

- -

- -

- -

감정(0~10)	

날짜:　　　년　　　월　　　일

 그림

감정(0~10)	
생각(0~100%)	

 증거 찾기

✿ 지지 증거

- -

✿ 반대 증거

- -

 균형 잡힌 사고

- -

- -

감정(0~10)

🌱 날짜:　　　　년　　월　　일

감정(0~10)	
생각(0~100%)	

✿ 지지 증거

✿ 반대 증거

감정(0~10)	

❤ 날짜:　　　　년　　　월　　　일

그림

감정(0~10)	
생각(0~100%)	

증거 찾기

✿ 지지 증거

_ _

✿ 반대 증거

_ _

균형 잡힌 사고

_ _

_ _

감정(0~10)

날짜: 년   월   일

 그림

감정(0~10)	
생각(0~100%)	

 증거 찾기

✿ 지지 증거

- -

✿ 반대 증거

- -

 균형 잡힌 사고

- -

- -

감정(0~10)	

🌱 날짜:　　　　　년　　　월　　　일

 그림

감정(0~10)	
생각(0~100%)	

 증거 찾기

✿ 지지 증거

- -

✿ 반대 증거

- -

 균형 잡힌 사고

- -

- -

감정(0~10)

🌱 날짜: 년   월   일

 그림

| 감정(0~10) | |
| 생각(0~100%) | |

 증거 찾기

✿ 지지 증거

✿ 반대 증거

 균형 잡힌 사고

감정(0~10)

🌱 날짜:　　　　년　　월　　일

 그림

감정(0~10)	
생각(0~100%)	

 증거 찾기

✿ 지지 증거

✿ 반대 증거

 균형 잡힌 사고

감정(0~10)

🌱 날짜:　　　　　년　　　월　　　일

 그림

감정(0~10)	
생각(0~100%)	

 증거 찾기

✿ 지지 증거

- -

✿ 반대 증거

- -

 균형 잡힌 사고

- -

- -

감정(0~10)	

날짜:　　　　　년　　월　　일

 그림

감정(0~10)	
생각(0~100%)	

 증거 찾기

✿ 지지 증거

✿ 반대 증거

 균형 잡힌 사고

감정(0~10)

🌱 날짜:　　　　년　　월　　일

 그림

감정(0~10)	
생각(0~100%)	

 증거 찾기

✿ 지지 증거

- -

✿ 반대 증거

- -

 균형 잡힌 사고

- -

- -

감정(0~10)

🌱 날짜:　　　　년　　월　　일

 그림

감정(0~10)	
생각(0~100%)	

 증거 찾기

✿ 지지 증거

- -

✿ 반대 증거

- -

 균형 잡힌 사고

- -

- -

감정(0~10)

🌱 날짜: 년   월   일

 그림

감정(0~10)	
생각(0~100%)	

 증거 찾기

✿ 지지 증거

- -

✿ 반대 증거

- -

 균형 잡힌 사고

- -

- -

감정(0~10)

❤ 날짜:　　　　년　　　월　　　일

 그림

감정(0~10)	
생각(0~100%)	

 증거 찾기

✿ 지지 증거

✿ 반대 증거

 균형 잡힌 사고

감정(0~10)

🌱 날짜:　　　　년　　월　　일

 그림

감정(0~10)	
생각(0~100%)	

 증거 찾기

✿ 지지 증거

✿ 반대 증거

 균형 잡힌 사고

감정(0~10)

❤ 날짜:　　　　　년　　　월　　　일

 그림

감정(0~10)	
생각(0~100%)	

 증거 찾기

✿ 지지 증거

✿ 반대 증거

 균형 잡힌 사고

감정(0~10)

💚 날짜: 년   월   일

 그림

감정(0~10)	
생각(0~100%)	

 증거 찾기

✿ 지지 증거

✿ 반대 증거

 균형 잡힌 사고

감정(0~10)

작업을 마치며

　당신은 일상에서 감정을 표현하고 마음챙김 명상을 위한 모든 작업을 마쳤습니다. 또 균형 잡힌 생각을 위한 증거 찾기 훈련도 했습니다. 당신은 감정에 대해 이전과는 다른 마음의 자세가 되었을 것입니다. 어떤 생각이 드나요? 어떤 기분이 느껴지나요?

_____

_____

_____

_____

_____

_____

_____

_____

_____

_____

　이 과정들을 통해 당신은 삶을 살아가면서 정말 많은 생각을 하고 감정을 느끼며 그에 따라 행동하고 있다는 것을 알게 되었을 것입니다. 더불어 부정적인 생각이나 감정에 대해 당신이 어떻게 대처해야 할지도 알게 되었을 것이라고 믿습니다. 그동안 당신의 삶과 다가올 당신의 미래에 박수를 보냅니다.

　수고하셨습니다.

참고
문헌

김영호(2005). 비쥬얼 저널리즘의 의사소통 과정에 관한 연구. 한국디자인문화학회지, 13(4), 95-103.

정은주(2012). 중년 여성의 우울과 불안 감소를 위한 만다라 연상화 미술치료 사례. 미술치료연구, 19(6), 1455-1480.

정은주(2013). 비주얼 저널을 활용한 집단미술치료가 미술심리지도사 과정 수강생의 자기수용과 개인적 성장에 미치는 영향. 미술치료연구, 20(4), 731-761.

정은주(2018). 미술치료사의 자기 탐색을 중심으로 한 비주얼 저널 경험에 관한 존재론적 탐구. 미술치료연구, 25(1), 123-144.

정은주(2020). 성인 신체장애인의 집단미술치료 경험에 관한 내러티브 탐구. 예술심리치료연구, 16(3), 143-171.

정은주, 김정훈(2015). 색채심리. 학지사.

Bennett-Levy, J., Thwaites, R., Haarhoff, B., & Perry, H. (2015). 자기탐색을 통한 인지행동치료 경험하기 (*Experiencing CBT from the inside out: A self-practice/self-reflection workbook for therapists*). (정은주 역). 학지사.

Braem, H. (1985). 색의 힘 (*Die Macht der Farben*). (이재만 역). 일진사.

Dalai Lama & Howard, C. C. (1998). 달라이 라마의 행복론 (*The art of happiness*). (류시화 역). 김영사.

Fincher, F. S. (1991). 만다라를 통한 미술치료 (*Creating mandala*). (김진숙 역). 학지사.

Fincher, F. S. (2009). 만다라 미술치료 워크북 (*The mandala workbook*). (오연주 역). 이음.

Kabat-Zinn, J. (1990). 마음챙김 명상과 자기치유 上 (*Full catastrophe living*). (장현갑, 김교헌, 장주영 공역). 학지사.

Pennebaker, J. W., & Beall, S. K. (1986). Confronting a traumatic event: Toward and understanding of inhibition and disease. *Journal of Abnormal Psychology, 95*(3), 274-281.

Rafaeli, E., Bernstein, P. D., & Young, J. (2011). 심리도식치료 (*Schema therapy*). (이은희 역). 학지사.

Riedel, I. (1999). 색의 신비 (*Farben*). (정여주 역). 학지사.

Riordan, R. J. (1996). Therapeutic writing as a counseling adjunct. *Journal of Counseling & Development, 74*, 263-269.

Sarno, E. J. (1991). 통증혁명 (*Healing beck pain: The mind-body connection*). (이재석 역). 국일미디어.

Segal, Z. V., Williams, J. J. G., & Teasdale, J. D. (2002). 마음챙김 명상에 기초한 인지치료 (*Mindfulness-based cognitive therapy for depression: A new approach to preventing relapse*). (이우경, 조선미, 황태연 공역). 학지사.

Spera, S., Buhrfeind, E., & Pennebaker, J. W.(1994). Expressive writing and coping with job loss. *Academy of Management Journal, 37*(3), 722-733.

Sun, H., & Sun, D. (1992). 내 삶에 색을 입히자 (*Colour your life*). (나선숙 역). 도서출판 예경.

Van Dijk, S. (2012). 마음챙김과 감정치유 (*Calming the emotional storm*). (김태항 역). 하모니.

Yalom, D. J. (1980). *Existential psychotherapy*. Basic Books.

찾아보기

인명

/ F /

Frankl, V. 54

/ J /

James, W. 28
Johnson, S. 28

/ K /

Kabat-Zinn, J. 30

/ P /

Pennebaker, J. W. 135

내용

저자 소개

정은주(Eunju Jeong)
대구교육대학교 초등교육학과 졸업(교육학 학사)
울산대학교 교육대학원 상담교육학과 졸업(교육학 석사)
영남대학교 대학원 미술치료학과 졸업(미술치료학 박사)
영국 Institute of Psychoanalysis 정신분석 수련
   The British Psychological Society 인지행동치료 수련
현 한국인지행동치료연구소 소장
   울산정앤정 미술치료연구소 소장
   육군교육사령부 리더쉽처 CBT 자문위원
   한국미술치료학회 이사 및 수련감독임상미술심리전문상담사

〈주요 저・역서〉
미술치료기법 II(공저, 학지사, 2013)
색채심리(공저, 학지사, 2015)
미술치료와 신경과학: 관계, 창조성 그리고 탄력성(공역, 학지사, 2018)
자기탐색을 통한 인지행동치료 경험하기: 치료사를 위한 자기훈련/자기반영 워크북(역, 학지사, 2020)
인지행동 미술치료(공역, 학지사, 2022)

〈주요 논문〉
정은주(2012). 중년 여성의 우울과 불안 감소를 위한 만다라 연상화 미술치료 사례. 미술치료연구, 19(6), 1455-1480.
정은주(2013). 비주얼 저널을 활용한 집단미술치료가 미술심리지도사 과정 수강생의 자기수용과 개인적 성장에 미치는 영향. 미술치료연구, 20(4), 731-761.
정은주(2018). 미술치료사의 자기 탐색을 중심으로 한 비주얼 저널 경험에 관한 존재론적 탐구. 미술치료연구, 25(1), 123-144.
정은주(2018). 20대 여대생의 불안 감소를 위한 인지행동미술치료 사례 연구. 인지행동치료, 18(4), 413-433.
정은주(2020). 가정폭력 피해 여성의 우울과 불안 감소를 위한 마음챙김 기반 미술치료: 사례 연구. 미술치료연구, 27(6), 1257-1274.
정은주(2022). 등교거부 청소년의 자아존중감 향상을 위한 인지행동 미술치료: 사례연구. 예술심리치료연구, 18(2), 1-28.
정은주 외(2022). 예비미술치료사의 심상 기반 자기분석 경험에 대한 자전적 내러티브 탐구. 미술치료연구, 29(6), 1643-1661.

자기 상담을 위한 미술치료 워크북

나를 위한 미술치료
Art Therapy Workbook for Me

2023년 6월 20일 1판 1쇄 인쇄
2023년 6월 30일 1판 1쇄 발행

지은이 • 정은주
펴낸이 • 김진환
펴낸곳 • (주) **학지사**
　　　　04031 서울특별시 마포구 양화로 15길 20 마인드월드빌딩
대표전화 • 02)330-5114　　　팩스 02)324-2345
등록번호 • 제313-2006-000265호

홈페이지 • http://www.hakjisa.co.kr
페이스북 • https://www.facebook.com/hakjisabook

ISBN 978-89-997-2909-6 93180

정가 17,000원

저자와의 협약으로 인지는 생략합니다.
파본은 구입처에서 교환해 드립니다.

출판미디어기업 학지사

간호보건의학출판 **학지사메디컬** www.hakjisamd.co.kr
심리검사연구소 **인싸이트** www.inpsyt.co.kr
학술논문서비스 **뉴논문** www.newnonmun.com
교육연수원 **카운피아** www.counpia.com